بسم الله الرحمن الرحيم

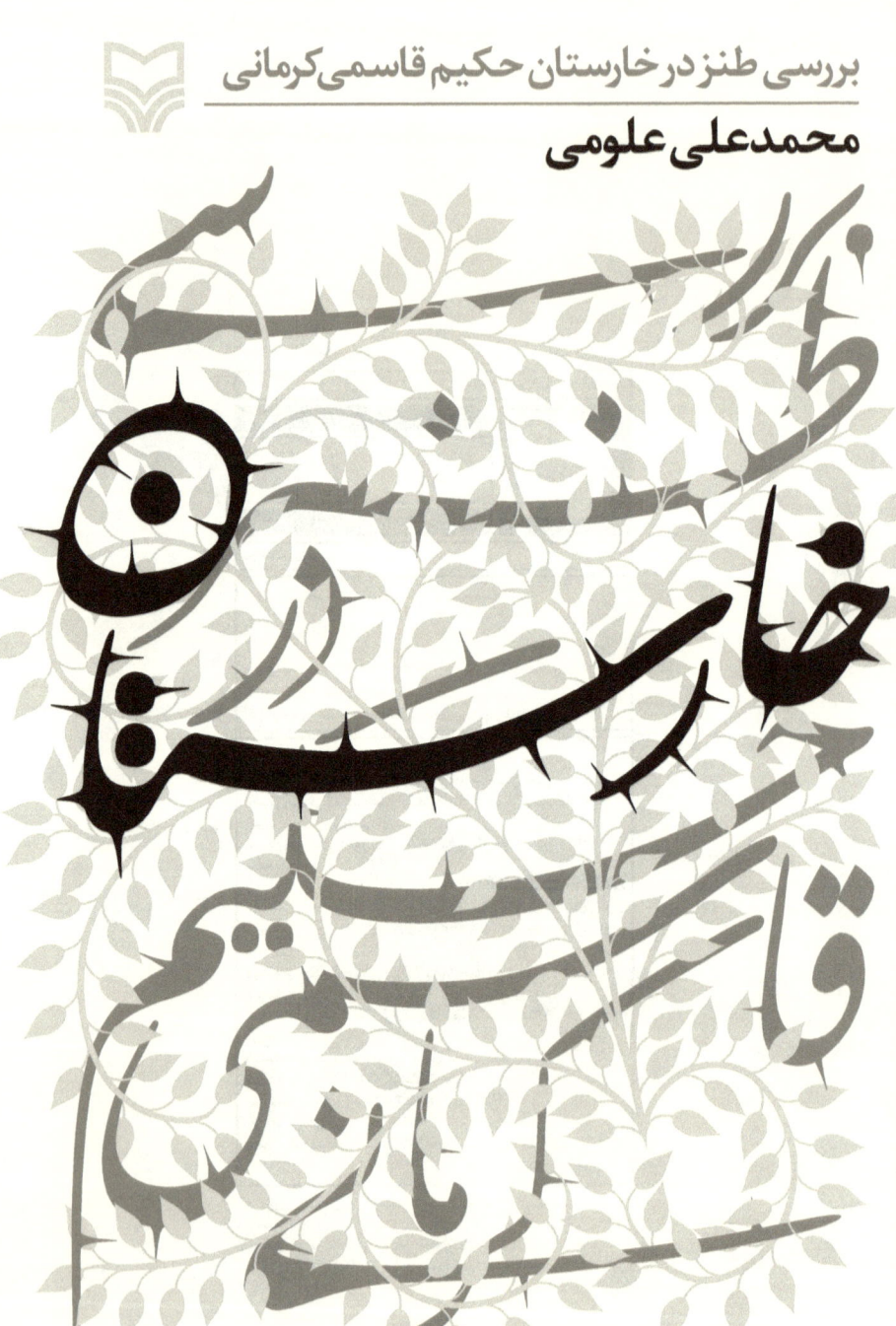

بررسی طنز در خارستان حکیم قاسمی کرمانی

محمدعلی علومی

انتشارات سوره مهر (وابسته به حوزه هنری)	
حوزه هنری استان کرمان	
بررسی طنز در خارستان حکیم قاسمی کرمانی	
نویسنده: محمدعلی علومی	
طراح جلد: حبیب ایلون	

اچ‌انداس مدیا: تحت امتیاز انتشارات سوره مهر
چاپ بر اساس تقاضا: ۱۳۹۴

شابک: ۲ - ۸۱۰ -۱۷۵-۶۰۰-۹۷۸

نقل و چاپ نوشته‌ها منوط به اجازۀ رسمی از ناشر است.

سرشناسه : علومی، محمدعلی، ۱۳۴۰ -
عنوان و نام پدیدآور : بررسی طنز در خارستان حکیم
قاسمی کرمانی/محمدعلی علومی؛ [برای] دفتر آفرینش های ادبی
حوزه هنری استان کرمان
مشخصات نشر : تهران: شرکت انتشارات سوره مهر، ۱۳۹۰.
مشخصات ظاهری : ۱۴۴ص.
ISBN:9786001758102
وضعیت فهرست نویسی : فیپا
موضوع : ادیب کرمانی، قاسم، ۱۲۳۸ - ۱۳۰۸ . خارستان -- نقد
و تفسیر
موضوع : طنز فارسی-- قرن ۱۳ق. -- تاریخ و نقد
موضوع : شعر فارسی -- قرن ۱۳ق. -- تاریخ و نقد
شناسه افزوده : ادیب کرمانی، قاسم، ۱۲۳۸ - ۱۳۰۸ . خارستان.
شرح
شناسه افزوده : حوزه هنری استان کرمان، دفتر آفرینش های ادبی
شناسه افزوده : شرکت انتشارات سوره مهر
رده بندی کنگره : ۱۳۹۰ ۴ب۸ع/PIR۷۵۸۹
رده بندی دیویی : ۸فا۸/۸۶
شماره کتابشناسی ملی : ۲۵۸۸۳۷۲

نشانی: تهران، خیابان حافظ، خیابان رشت، پلاک ۲۳
صندوق پستی: ۱۵۸۱۵ـ۱۱۴۴
تلفن: ۶۱۹۴۲ سامانه پیامک: ۳۰۰۰۵۳۱۹
تلفن مرکز پخش:(پنج خط) ۶۶۴۶۰۹۹۳ فکس: ۶۶۴۶۹۹۵۴
w w w . s o o r e m e h r . i r

یادداشت ناشر

سخن در باب حکیم قاسمی کرمانی، طنزنویس کرمانی‌الاصل برجستهٔ ایران، است و خارستان، اثر طنز ارزشمند او. در گذشته‌ها، حکیم لقب کسانی بود که جامع جمیع علوم دورهٔ خود بودند؛ به‌ویژه مسلط بر اندیشه و ساحت فلسفی ـ عرفانی زمانهٔ خود. از این جهت، بیهوده و بی‌سبب نبوده که به قاسمی کرمانی لقب حکیم داده بودند. از مطالعهٔ خارستان چنین برمی‌آید که او در چند زمینه از اندیشمندان و صاحب‌نظران دورهٔ خود بوده است:

الف) تسلط بر مباحث فلسفی دورهٔ خود. در گذشتهٔ ایام، فلسفه انسان کامل را در نظر داشت. خلقت را بیهوده نمی‌دید و باور داشت انسان اشرف مخلوقات است و توانایی این را دارد که با پیروی از احکام به انسان کامل تبدیل شود. مقایسه میان انسان موجود و انسان آن‌گونه

که باید باشد زمینه‌ای برای طنز فاخر فراهم می‌سازد. حکیم قاسمی کرمانی، مانند مولانا در مثنوی، از این تضاد بهرهٔ طنزآمیز برده است.

ب) توجه به روان‌شناسی اجتماعی و مناسبات و باورها. حکیم به ترویج و تبلیغ مکارم اخلاق توجه دارد؛ اما واقعیت‌های روابط اجتماعی هزاران پدیدهٔ غیر اخلاقی ـ مانند ریاکاری، دروغ‌گویی، تملق، چاپلوسی و مانند این ـ را باعث شده است و روابط اجتماعی بر این اساس شکل گرفته و نهادینه شده‌اند. در خارستان طنز اجتماعی را با رویکردِ نقد اخلاق ناپسند می‌بینیم.

ج) توجه به روان‌شناسی فردی. اجتماع از جمع آمدن انسان‌ها به وجود می‌آید. اغلب اوقات ما جماعتی داریم که بر حسب خودخواهی فردی و خودبینی رفتارهای ضد اجتماع دارند. در خارستان روان‌شناسی افراد معیوب و بی‌اخلاق و خودخواه و خودبین یکی از عوامل اصلی ایجاد طنز است.

د) نکته‌هایی برای مردم‌شناسی. کتاب خارستان برای مردم‌شناسان نیز نکات جالب توجه بسیار دارد. صنعت پارچه‌بافی و خاصه شال‌بافی در کرمان و بم صنعتی بسیار گسترده و قدرتمند بوده است؛ طوری که ادوارد براون، که پارچه‌های بافت کارخانه‌های بریتانیا را دیده بود، از این صنعت و نوع بافت پارچه و شال‌های کرمان حیرت‌زده شده بود. به هر حال، با ورود بی‌رویهٔ پارچه‌های خارجی، این صنعت از میان رفته است؛ اما خارستان اساس کار خود را صنعت شال‌بافی و کارگران شال‌باف قرار داده است. روابط میان آن‌ها، اصطلاحات مرتبط با این حرفه، و نوع کارگاه‌ها آن‌قدر زنده تصویر شده‌اند که مردم‌شناسان، جامعه‌شناسان، و مورخان می‌توانند از این کتاب بسیار بهره ببرند.

و نکتهٔ دیگری در باب خارستان اینکه این اثر یکی از آثار درخشان

طنز در ایران است. این ادعا بر اساس داوری و قضاوت شخصی نیست. زمانی که چند حکایت از خارستان برای استاد شادروان عمران صلاحی و استاد منوچهر احترامی و استاد علی معلم خوانده می‌شود همه تصدیق می‌کنند که این کتابْ طنزی بسیار فاخر دارد و افسوس می‌خورند که مهجور مانده است.

و نکتهٔ آخر اینکه نثر و زبان کتاب خارستان از یک سو متعلق به دورهٔ قاجار است و از سوی دیگر متکی و مبتنی بر اصطلاحات شال‌بافان. در عین حال، واژه‌ها و اصطلاحات کرمانی به‌وفور در آن دیده می‌شود.

در پایان، از استاد و دوست گران‌مایه‌ام محمدعلی علومی که قبول زحمت کردند و بررسی طنز در کتاب خارستان حکیم قاسمی کرمانی را به سرانجام رساندند سپاس‌گزارم.

عباس سالاری
رئیس حوزهٔ هنری استان کرمان

مقدمه

«خنده آیین خردمندان است»

در این مقدمهٔ مختصر و کوتاه به معرفي اجماليِ حکیم قاسمي کرماني مي‌پردازم، سپس دربارهٔ نحوهٔ انجام دادن این اثر توضیحاتي را ارائه مي‌دهم.

استان کرمان در طنز و هزل و هجو پیوسته و در گذر ایام و تاریخ چهره‌هاي برجسته‌اي داشته است؛ یکي از برجسته‌ترین آن طنازان دردمند، بي‌تردید، حکیم قاسمي کرماني، خالق اثر شگفت‌انگیز خارستان، است.

استاد باستاني پاریزي در کتاب مستطابِ پیغمبر دزدان و راجع به طنزنویسان دوره‌هاي سابق کرمان نوشته‌اند: «او (پیغمبر دزدان) متأثر از اوضاع محیط خود بود. اوضاع و احوال اجتماعي ایجاب مي‌کرد که او شیوهٔ طنز را برگزیند تا بتواند حقایقي را به زبان آورد، اتفاقاً در همان ایام چند تن دیگر نیز از گویندگان و نویسندگان کرمان بوده و

يا کمي بعد ظهور کرده‌اند که عموماً شيوة هزل [و طنز] را در بيان خود برگزيده بودند که از آن جمله بوده است ميرزا سعيد، قوامِ بردسيري، ميرزا قاسم اديب صاحب خارستان، ميرزا مقصود و حتي در دهات نيز مردمي خوش‌ذوق و طيبت‌گوي بوده‌اند که مي‌توان از نمونة آن‌ها شاه حسين جوپاري را نام برد، يا سخن از ميرعلي‌قلي و ميرعوض‌قلي پيش آورد يا از حسين جکو سخن گفت و آخر از همه بايد از رفعت زرندي نام برد که قطعات محلي او زبانزد است.»

به‌جز اين طنزنويسان و شايد در صدر همة آن‌ها بايد از طنزنويس برجسته و بلکه پيشرو دهخدا و ديگر روشن‌فکران مشروطه، يعني از ميرزا آقاخان کرماني، نام برد.

اما براي آشنايي بيشتر مخاطبان با دانش و بينش طنزنويسان مذکور باز به کتاب پيغمبر دزدان رجوع مي‌کنيم: «ميرزا سعيد در باب خود گفته است:

منم سعدي و غير من نيست کس
حروفات نامم شده پيش و پس!!...

و در باب مير علي‌قلي بايد گفت که آن‌قدر دلير بوده که حتي ولي‌نعمت خود را هجو کرده، يعني مير نجف‌قلي کلانتر و آن قطعه اين است:

... صلة ارحامت ار ز فقد بميرد
فاتحه‌اي بر مزارشان تو نخواني
منعمي اما اگر به شام دهد جان
از پي تشييع او دواسبه دواني
بود يکي سرو در ولايت کشمير
جعفر عباسي‌اش فکند زماني
جمله درختان سبز را تو بريدي
بو که خطابت کنند جعفر ثاني...

و حسين جكو در باب آمدن ملخ‌ها به پاريز گفته است و جكو (ملخي كه هنوز بال درنياورده است)

سواران جكو برون تاختند
به پاريز و دهنو نپرداختند
رسيدند سر چشمه و دالدان
ندادند حاج مم‌رضا را امان
چو وارد به باغ امينا شدند
همه كور بودند، بينا شدند

و از «رفعت زرندي» است:

بزرگوارا، خدايا، به حق ضامن آهو
كه هيچ وحش نيفتد به‌سان من به تكاپو
مهيمنا، به چه حد در هواي پول بتازد
كمند فكر و خيالم به هر كنار و به هر سو؟
زر ار براي هنر مي‌دهند همسر من كيست؟
وگر به آدمِ خر مي‌دهند، ثاني من كو؟!
شبم ز روزَ نگردد تميز و روزم از شب
ز بس كه دور و برم بانگ شورش است و هياهو
سه بچة «يه قُل»ام جانبي به ناله چو سرنا
دو بچة «جمل»ام، يک طرف به جيغ چو فيقو!
يكي به عربده گويد پنير خواهم و سبزي
يكي به زمزمه نالد كه چاي خواهم و ليمو
به وقت ظهر نشينند چون كه بر سر سفره
هزار رحمت حق بر حسين خان بهارلو!
چنان زرنگ و چنان چابک و دلاور و چسبان
كه نيست تالي ايشان در ايليات ارشلو
به گاهِ شام چو افتد نگاهشان به ستاره
گمانَ برند خيار است و هندوانه و كوكو

کُنم چو غيظ بر ايشان بدون صبر و تحمل
به جاي خويش چو بوزينه ايستند به نيقو
کشند از ته دل نعره، آن‌چنان که تو گويي
هزار توره به پشت حصار شهر کشد زو
ولي به لطف تو اي کردگار باب‌حوائج
هنوز هست در اصطبل بنده، ماده الاغو
ز لاغريش تو گويي جريده بر رخ تازي
به ساغريش همانا دو دوک بسته به چرخو
هزار مرتبه بردم او را به جانب خندق
دوباره آمد و با ناز و غمزه گفت که: دکو!...»

آنچه آمد نشان‌دهندۀ وضع طنزنويسي در کرمان و در دورۀ حکيم قاسمي کرماني است. به عبارتي، با نگاهي به آثارِ فوق، معلوم مي‌شود که طنزنويسان آن دوره ذهن و زباني بسيار خلّاق‌تر از خيلي از طنزنويسان هم‌دورۀ ما داشتند! الان دهه‌هاست که طنزنويسان وقتي که قافيه تنگ مي‌شود، به اجبار، از گراني و وضع خانوادگي خود مي‌گويند اما در کمتر اثري مي‌توان آن خلاقيت شعر فوق از يک شاعر طنزسراي محلي را ديد.

چند عامل باعث شده است که طنز در کرمان پُرمايه و گران‌بها از آب درآيد: نخست، ستم‌هاي اجتماعي (نظير حمله آغامحمدخان) و ستم‌ها و قهر طبيعت؛ دوم، سابقۀ قديم تمدن و فرهنگ؛ سوم، زبان و متناسب با آن باورها و آداب و رسوم دست‌نخورده و کهن؛ چهارم، بر اساس موارد فوق، مردم اين ديار از همان قديم به معيارهاي عقلاني و خردمندانه رسيده بودند که بر حسب آن‌ها رفتارهاي کج و مج حکّام و جامعه و خود را نقد مي‌کرده‌اند و مثلاً نبايد از ياد ببريم که خواجوي کرماني، در عين منظومه‌هاي بلند عرفاني و فلسفي، طنزپرداز قدرتمندي

نيز بود. در عين حال، كرمان با دو مركز مهم در تاريخ فرهنگي و اجتماعي ايران، يعني با خراسان و با زابل پيوسته ارتباطات وسيع جمعي و فرهنگي داشته و از آن‌ها تأثير پذيرفته و بر آن‌ها مؤثر بوده است و در ضمن، شهرهاي اين ديار در مسير تجارت جهاني دوران كهن نيز واقع شده بودند.

اما از ويژگي‌هاي طنز در خارستان، توجه حكيم قاسمي كرماني به قشرهاي مختلف اجتماعي بوده و عيب‌هاي اخلاقي را در معرض نقد و بررسي و طنز قرار مي‌دهد. به عبارتي، اگر ميرزا آقاخان كرماني و شيخ محمدحسن سيرجاني (پيغمبر دزدان)، يكي به فساد انديشه‌ها و ديگري به فساد حاكمان محلي مي‌پرداخت، حكيم قاسمي كرماني، همچون عبيد زاكاني، در فساد اخلاق جماعت دورهٔ خود كند و كاو مي‌كند.

حكيم بر زبان فارسي مسلط بوده و نثرِ مسجعِ دلنشين و آهنگين و شيريني دارد. در ضمن از «لحن طنز» به خوبي بهره‌مند است.

اين كتاب مي‌كوشد كه بعضي از حكايت‌هاي طنزآميز خارستان را براي هنرجويان طنز در معرض بررسي و تحليل درآورد، اما خودِ كار ماجرايي شنيدني دارد. دو سال قبل، من به شهرمان، بم، رفتم و مقدمه‌اي نوشتم و كلمه‌ها و اصطلاحات را شرح دادم و گويا آن همه درگير و دارها ناپديد گشت و باز كار را از سر گرفتم، منتها هنوز هم از مطالعة حكايت‌هاي طنزِ حكيم لذت مي‌برم و نكته‌ها مي‌آموزم.

حكيم قاسمي كرماني از اصطلاحاتِ مربوط به شال‌بافي استفاده كرده است، چون كه در دورهٔ او در دوران سلطنت قاجارها، هنوز صنعت باستاني و كهن پارچه‌بافي و به‌خصوص شال‌بافي در كرمان، قوت و قدرتي، منتها رو به زوال، داشت و بعدها با واردات انواع پارچه‌هاي خارجي اين صنعت نيز همچون ديگر صنايع محلي از ميان رفت.

سرانجام، لازم است از دوستان عزيزم در كرمان، از آقاي عباس سالاري و مجتبی احمدي و ديگران تشكر كنم كه صبر فراوان داشتند و حتي يک بار نيز از من گلايه نكردند كه چرا به قول خودمان بر هم نمي‌جنبم؟ و به‌خصوص آقاي سالاري را بايد سپاس گفت كه شايد تنها مدير و يا يكي از معدود مديران فرهنگي است كه درِ دفترشان، با گشاده‌رويي خود ايشان، به روي هر هنرمندي پيوسته گشوده و باز است. همه‌شان همچنان سرفراز بمانند و شادكام باشند و زياده عرضي نيست، جز اينكه اين كار اگر ارزشي داشته باشد، تقديم مي‌شود به طنزنويسان صبور و متواضع كرماني و همشهري.

محمدعلي علومي

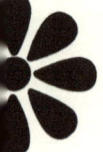

[اصل]

صنعت خلوشي را خفّ و ذلّ که تار شالش در کمال ظرافت است و به پود اندرش مزید لطافت. هر مکّوئي که فرو مي‌رود مفرّج تار است و چون برمي‌گردد مدرّج پود. پس از هر مکّوئي پودي لازم و پس از هر پودي دو دفتين واجب.

بيت

از بازو [و] ذنچ که برآيد
کز عهدهٔ دفتين به در آيد
نسّجوا آل دفتين نسجاً و کثيرٌ من عبادي الناسجون.

قطعه

بچه همان به که نخستين قدم
روي سوي چاله کند صبحدم
ورنه وجودش تو بميري که کس
مي نتوان گفت به است از عدم

صوت جان‌فزاي دفتينش را هر گوشي شنيده و صيت شال

گران‌بهاي سنگينش همه جا رسيده. پردهٔ غيرت و آبرو ندرد و جز ميوهٔ نخل بازو نخورد.

قطعه

اي خلوشي كه با سر ناخن
كارها مي‌كني و مي‌لافي
كي بري منّت از سياه [و] سپيد
تو كه شب تا به صبح مي‌بافي

خليفهٔ رشكين نيفه را فرموده كه بردستان را قباي سبز چمني بپوشاند، و نوردان را به زيور تار ساده و الوان مزيّن فرمايد، و در نقد شال بي‌شبه و مثالش عقد سمك را رشك محك سازد. رشتهٔ پشمين به قدرتش شال سنگين گشته و تارِ يك‌رنگي به صنعتش قطعهٔ رنگين.

قطعه

تار و پود و سمك و لپلك [و] دفتين و نورد
مكّو و پيشزن و سوزنو و شود و تغار
همه از بهر تو آماده و چاكروارند
حيف باشد كه نبافيّ و بگردي بيكار

در سمر است از غسّالهٔ آدميان و نخالهٔ دفتينيان، لِرگ چاله خفت، درگ گردن‌كلفت.

بيت

حسود بخيل ذليل خفيف
لئيم حريص خبيث كثيف

قطعه

سخط الوري بفعاله
خرق الثري بنعاله
غسق الضحي بجماله
ادعوا عليه و آله

بيت

چه غم بازار كرمان را كه باشد چون تو دلالي؟

چه باك از ثقل باران را كه دارد چون تو حمالي؟

هرگه كه بردستي زبردست بلافد و پچل ببافد اوستاد با عدل و دادش به چشم اغماض نگرد و پردة اعتبارش ندرد. باز چنان كند و همان بيند بار ديگر پچل‌تر ببافد و تار و پود را بشكافد. اوستاد بدنهادش به شاكول زند و خطاب نرغول كند [كه] يا خلفايي قد ضربته و ادّبته. كمر به تأديبش بستم و كِلوچ نحسش را شكستم.

مثنوي

جفا بنگر و جور دفتينيان

كه شاكول را بشكنند استخوان

مگو كار بي‌خاصيت مي‌كنند

كه بردست را تربيت مي‌كنند

بردستان چاله خفتش به تصنيف «اي... منديلت واشده» مترنّم كه «ماصنفاك حق تصنيفك»، و زبردستانِ گردن‌كلفتش به آواز «هل من غرچماق» متغنّي كه «ما وصّفناك حق توصيفك».

قطعه

از من ار وصف اوستا خواهي

من هنوزم به اوستا رفتن

چون ثنا گويمش كه بردستان

كي توان مدح اوستا گفتن؟

كه يكي از رفيقان خمره ميان ترك اوستا گفت و به روستا رفت.

❋❋❋

صنعت «نقيضه‌سازي» از گذشتة ايام تاكنون، نه‌تنها در ادبيات كلاسيك ايران، بلكه در ادبيات سراسر جهان، نوع و شيوه‌اي در جهت

طنزپردازي بوده است. در اينجا، حكيم قاسمي نقيضه بر مقدمهٔ سعدي نوشته است، به ياد بياوريم كه سعدي نوشته بود: «... هر نفسي كه فرو مي‌رود ممدّ حيات است و چون برآيد مفرّح ذات، پس در هر نفسي دو نعمت موجود است و بر هر نعمت شكري واجب!

از دست و زبان كه برآيد
كز عهدهٔ شكرش به درآيد

❋❋❋

بنده همان به كه ز تقصير خويش
عذر به درگاه خداي آورد
ورنه سزاوار خداونديش
كس نتواند كه به جاي آورد...»

متناقض با آن مقدمه اما به همان فصاحت و بلاغت است كه حكيم قاسمي كرماني، مقدمهٔ «خارستان» را آغاز مي‌كند، مهم است كه تعبير «خارستان» نيز نقيضه‌اي بر «گلستان» و «بوستان» محسوب مي‌شود. درك لايهٔ پنهان اين مقدمه كه بي‌شك نشان‌دهندهٔ نبوغ حكيم قاسمي است، اين است كه حكيم «حكمت نظري» را به ساحت «حكمت عملي» درآورده و مبناي معرفت‌شناسي را از حيطهٔ طبيعت به قلمرو كار و كوشش در صنعت پارچه‌بافي و شال‌بافي كشانده است و با اين تمهيد وارد موضوع و مضمون حكايت‌هاي «خارستان» مي‌شود كه مبناي آن صنعت فراموش‌شدهٔ شال‌بافي است. اين صنعت تا اواخر دورهٔ قاجاريه نفوذ و گستردگي زيادي در تأمين معاش مردم كرمان داشت و با ورود پارچه‌هاي خارجي و خاصه انگليسي بود كه صنعت شال‌بافي در كرمان به‌تدريج از بين رفت. اين نكته نيز مهم است كه صنعت كارگاهيِ (و نه كارخانه‌اي) پارچه‌بافي و شال‌بافي در كرمان از چنان ظرافتي بهره‌مند بود كه شال‌هاي گران‌بهاي بافت كرمان حتي در

مصر خریدار داشت و جزء خلعت‌هاي شاهان قاجاریه بود، در حواشي آن، علاوه بر کارگران که تقریباً همه با تیره‌روزي روزگار مي‌گذراندند (آن تیره‌روزي باعث برانگیختن حس انسان‌دوستي در پرفسور ادوارد براون و دیگر خارجي‌هایي که از کرمان دیدن کرده بودند شده بود. علاقه‌مندان مي‌توانند به آثار استاد باستاني پاریزي مراجعه کنند تا در باب شال‌بافي در کرمان اطلاعات دقیق به دست آورند). باري، در حاشیهٔ صنعت شال‌بافي، گروهي از تاجران خرده‌پا و عمده از طریق فروش شال‌هاي بافت کرمان امرار معاش مي‌کردند و یکي از آن‌ها انقلابي جاوید و نامدار میرزا رضاي کرماني است.

موضوع مهم دیگر در «خارستان» توجه حکیم قاسمي به همهٔ ابعاد عیني و ذهني، کار و معیشت و فرهنگ و اخلاق مبتني بر صنعت شال‌بافي است که از منظر طنز نگریسته شده و همچون کارکرد طنز فاخر، نشتر به دمل چرکین اخلاق و رفتار اجتماعي داشته است.

فرع اول: فایدهٔ کسب و هنر

از چاخان امانی ندیدم. اره[ای] همراه داشتم، برداشتم، چندان‌که مشغولش ساختم شاخ را از جا و خرس را از پا درانداختم. اندامش شکسته و به «الخرس» پیوسته.

قطعه

خرسی که کوه را بدرانیدی از شکوه
از پردهٔ جگر چو برآورد غرّه‌ای
با آن همه صلابت و با آن همه شکوه
از پا فتاد نخل حیاتش به اره‌ای

از درخت به زیر آمدم. لرزان و گریزان همی رفتم تا به دهی رسیدم. روزها برزگری می‌کردم و روزی می‌خوردم.

قطعه

مرد صاحب‌هنر غریب نماند
هر کجا می‌رود وطن باشد
مرد بایدش در بسیط زمین
ثمر از نخل خویشتن باشد
چشمش ار بر عطای غیر بود
لاجرم مرد نیست زن باشد

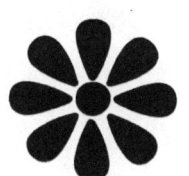

فرع دویم: در بخت و اتفاق

حکایت

استادي رشتهٔ عمرش بگسستن گرفت و نورد قامتش شکستن. دو پسر داشت و تنخواهي مختصر. به بالين خواند و نصيحت مي‌داد. وصيت مي‌كرد كه مالم را تقسيم كنيد مگر تنخواه فلان حجره، مگر آنكه شما را لرگي و درگي [فراگيرد]. قاضي را خبر كنيد كه حكم باشد و شما راضي كه در آن حجره تنخواه گران‌بها موجود و مايهٔ جدال خواهد بود. اين بگفت و از كارخانهٔ ناسوت به چالهٔ برهوت شتافت.

قطعه

باغبان كند بيخ شاخ كهن
كآمد از بيخ شاخ تازه به در
اي پدر دست گو بشوي از جان
كه پسر هست جانشين پدر

پسران وصيت را معمول داشتند. بعد از چندي بيابان سجاف شدند و آسمان لحاف. قاضي شهر را طلبيدند و در را گشودند. جز تنبك[1] و سرنايي چيز ديگر[2] نديدند. پسران شرمنده و قاضي دست به ريش و به غايت رنجيده. پسران پدر را مخاطب ساختند و مي‌گفتند.

مثنوي

آنچه بر ما رسيد از تو پدر
نرسيده به هيچ برنايي
پسران ملك و مال ارث برند
ارث ما تنبكي و سرنايي

تنبك را كوچكي و سرنا را بزرگي برداشت و رو به بيابان گذاشت كه تحصيل قوت لايموتي كند. پوستين كهنهٔ بابا را به دوش، با دو كبوتربچه و مشك آبي همراه، شبانه شتابانه همي رفت. قضا را غولي در آن حوالي بود فرياد كرد كه تو كيستي؟

گفت: تو چيستي؟

گفت: بنده جناب غول.

گفت: نوكرت غول مزنگ.

غول گفت: تو را چه فضيلت است كه نامت را بر نامم مزيّت است. يا اثبات مزيّت مزنگ يا آمادهٔ جنگ؟ تو را نرسد كه لاف همسري زني، چه جاي برتري.

دست بيچاره را گرفت و بر پشم‌هاي خود همي ماليد كه: چشم بگشا و پشم ببين.

قطعه

بيار آنچه داري هم از پشم و پُت
وگرنه كنون رفت خواهي به كُت

---

۱. خ: تونبك

۲. ن و س: «چيز ديگر» ندارد.

فزون است از غول غول و مزنگ
فزونيت چه بود بگو بي‌درنگ
فزون است اگر پشمت از پشم من
تو را جاي پاي است بر چشم من

بيچاره پوستين را به چپ انداخته دست غول را بر [آن] پشم‌ها همي ماليد كه غول منم نه تو.

غول دماغش پر از دود و حيرت بر حيرتش افزود. دست به گريبان برده دو اشپش همچو[ن] دو گنجشك به زمين انداخت كه مثلش را حاضر كن.

جوان از بغل دو كبوتربچه رها كرد كه اشپشان را خوردند.

غول به خشم درآمد. فريادي بركشيد كه سنگ خاره را دريد.

جوان نيز لب بر لب[1] سرنا فريادكنان كه مايهٔ رشك همگنان شد.

غول بيچاره ناچار چون از همه جا درمانده براي شگفتي شاشيدن گرفتي.

جوان نيز دهان مشك را تنگ گرفته آب همي ريخت.

غول فرياد [برآورد] كه اي خانه‌خراب عالم را خراب و پر از آب كردي. شانه‌اش را به مرشدي بوسيد و به مغاره‌اش برد. چندان كه سيم و زر حمل توان كرد دادش و راه بيابان پيش. [جوان] نيز سر خويش گرفته مي‌رفت و مي‌گفت:

قطعه

خنك آن را كه بخت يار بود
هر چه خواهد كند كه مختار است
هر كه را طالع همايون است
خواه در كار و خواه بي‌كار است

---

۱. ن و س: به دهان

كه رسد رزقش از در و ديوار
گرچه بر جاي همچو ديوار است

چون آفتاب برآمد آهش سر آمد. برادر ديگر را غيرت خلوشي به جوش آمده تنبك را به دوش انداخته مي‌رفت و مي‌گفت:

قطعه

كه توان ز پير و برنا كه به مشك آب و سرنا
برود شبانه‌روزي، همه سيم و زر بيارد
بروم چنان‌كه دارم كه دگر خبر نيارم
مگر آنكه روز مرگم دگري خبر بيارد

بيچاره تا غروب آفتاب به جايي نرسيد. گنبد خرابه‌اي به نظر درآورد. خود را بدانجا كشيد و گوشه‌اي واكشيد. چون پاسي از شب گذشت، بادي وزيدن گرفت و برفي باريدن. شغالي از سختي خود را در آن گنبد خرابه كشيد و به كنجي آرميد. بيچاره خود را از بيم شغال در پس كلوخي پنهان كرده بر خود مي‌لرزيد. ناگاه خرسي برف‌آلوده وارد و به گوشه‌اي غنوده. بيچاره دلشكسته مي‌ناليد و آهسته مي‌گفت:

قطعه

كاش غولي به جاي خرس آمد
هم مرا بود بخت غول مزنگ
مي نبيند مرا به تاريكي
ورنه كرديم پاره پاره به چنگ

هنوزش اين گفتگو بود كه گرگ بزرگي لگدكو وارد شد. ناليد و حوالي بيچاره خوابيد. بلافاصله پلنگ دبنگي داخل، بعد از آن شيري وارد كه جانوران از بيم شير از جان سير آمدند و خاموش گشتند. بيچاره نيز نم در كامش خشكيدن گرفت و دلش طپيدن. خون دل مي‌خورد و پيش از اجل مي‌مرد.

قطعه

که اگر هفت جان مرا باشد
به سلامت يکي به در نرود
تا به گيتي هماره روز و شب است
بر کس اين‌گونه شب به سر نرود

صبحگاهان با خويش مي‌گفت که اگر چشم جانوران بر من افتد هر يکي را لقمةالصباحي به دهن افتد. قضا را در آن هنگام قافله‌اي درمي‌گذشت. هاي و هوي و گفتگو به گوش جوان رسيد. فرصت ديد دستي به گوشهٔ تنبك آشنا كرد.

طاق و طرنب و گرنب [و گرنب] به فلك مينارنگ بلند [شد]، جانوران سر از پاي نشناخته به رقص آمدند. تو گفتي جوان كهنه‌سوار است و شير مياندار. جانورانِ نوچگان سنگ و ميل و كباده نمي‌ديدند، ورنه مي‌گرفتند و مي‌كشيدند. سالار قافله را آواز غريبي به گوش رسيد و شگفتي بديد. شتابانه آواز كرد و در را باز. جانوران جستند و راه بيابان گرفتند [و رفتند].

قطعه

شير در بيشه، گرگ در سوراخ
هر يكي راه خويش پيش گرفت
لب به دندان گرفته بود هنوز
كه يكي آمديش و ريش گرفت
مشت مي‌كوفت بر فراز سرش
كه به گردن، كه خون خويش گرفت؟
پادشه از تو صدهزار تومان
خواهد اي شوم‌بخت بيش گرفت

سال‌هاست كه جيره و مواجب شاهي مي‌خورم و زحمت مي‌برم كه جانوران را رقص بياموزم و چرخ تعليم كنم، تاكنون كامل شده بودند.

هر يكي را مبالغي خرج كردند و گرفتند [و] به دست من سپردند. تو اينك همه را رهاندي. خويش را با من به روز سياه نشاندي. مرا گوش و دماغ كنند و تو را درفش و داغ كُنند.

دست از دامنت رها نكنم

تا تو را نزد پادشاه برم

و عذر خلاف خويش بخواهم و معاف روم. سالار بيچاره ناچار سر در قدم تنبك‌زن نهاده مي‌گفت و مي‌گريست:

قطعه

چه شود به حالت زار من، به تن نحيف فگار من

نظري كني و ترحمي، به مخارجي و مصارفي

به تعارفي و تكلفي، بگذر كنون ز تخلفي

كه ز شه مراست توهّمي، كنمت نياز و تعارفي

رفته‌رفته مجادله به مقاتله كشيد. ريش‌سفيدان قافله جمع شدند. آخرالامر به هزار تومانشان مصالحه دادند. تنبك‌زن به هزار منّت پول را برداشته. چون غول، راه بيابان پيش گرفت و مي‌رفت تا به منزل رسيد و كيفيت [به] برادر نقل كرد.

قطعه

دامن جهد و كسب سخت بگير

طالع و بخت و اتفاق بهل

تا تواني به عاقلان پيوند

تا تواني ز كاهلان بگسل

كه به برهان «ليس للانسان»

نيست هيچت چو كاهلي و كسل

شرح طنز

حكايت مذكور از حكيم قاسمي كرماني، نمونه‌اي موفق و حتي

سرمشق‌وار است از نحوه و چگونگي كاركرد قصه‌هاي رايج در فرهنگ مردم به شكل و طرزي جديد. به عبارتي، فرهنگ مردم، في‌النفسه و بالقوه، امكانات گسترده و فراواني براي اجراي مجدد دارد.

اساس اين حكايت، قصه‌اي است كه نياكان ما، در خيلي از مناطق ايران و البته با تفاوت‌هايي جزئي، در فرهنگ شفاهي خود حفظ كرده‌اند و حكيم قاسمي كرماني آن را به كتابت درآورده اما كار خلّاق حكيم در چندين مورد بروز يافته است:

نخست اينكه لحن شفاهي قصه را به لحن متن و اثر ادبي تغيير داده است. دوم، اينكه زبان حكايت، در عين فصاحت و بلاغت و نثر آهنگين، از زبان مردم نيز آن‌قدر فاصله ندارد كه مردم عادي كوچه و بازار آن را درك نكنند.

در دورة انحطاط ادبيات ايران، نثر و زبان كتابت چنان لبريز از تعقيدات لفظي و كلامي شده بود كه معنا نامفهوم مي‌ماند. آرايه‌هاي ادبي نظير تشبيه و تمثيل و استعاره و كنايه و تجنيس و تلميح و ... درك حتي ساده‌ترين مفاهيم را به امري محال مبدل كرده بود. اما استادان سخن نظير سعدي و حكيم قاسمي كرماني (در كتاب خارستان) با بياني سهل و ممتنع، تناسب و تعادلي ميان زبان گفتار مردم و زبان متن ادبي برقرار كردند.

طنز و انواع آن تقسيم‌بندي‌هايي دارد؛ براي آشنايي هنرجويان و علاقه‌مندان به طنز، انواع گروه‌بندي‌هاي موجود طنز در اين حكايت را شرح مي‌دهيم:

الف) طنز آشكار: ويژگي بارز اين نوع طنز، تضادهايي است كه به‌وضوح و آشكارا خنده‌آور هستند. هر نوع طنز، اساساً بر عنصر تضاد استوار است. مثلاً، در اين حكايت و از همان ابتدا، تضادي آشكار

ميان توقع و انتظار فرزندان با ميراث پدر وجود دارد. در وصيت پدر، وانمود مي‌شود که در فلان حجره «تنخواه گران‌بها» موجود است و شرايطي مي‌گذارد که مبادا ميان پسرانش جنگ و دعوا درگيرد اما در تضاد با آن گفته‌ها و شرايط، وقتي که در را مي‌گشايند: «جز تنبك و سرنايي، چيز ديگر نديدند!»

ب) ابوعلي‌سينا و کانت شگفتي را يکي از عوامل ايجاد طنز مي‌دانند اما بديهي است که هر شگفتي نمي‌تواند باعث طنز شود. چه‌بسا شگفتي مايهٔ ايجاد دهشت و هراس بشود، مانند آنچه در نوعِ ادبيِ وحشت اتفاق مي‌افتد و يا شگفتي در داستان‌هاي علمي و تخيلي از ژول ورن گرفته تا فيلم اديسهٔ فضايي، اما...

پ) در اين حکايت و اصولاً در طنز، شگفتي بر اساس تضاد ميان پديدار موجود و تصورات ذهني است. در حکايت مذکور لاف و گزاف پدر تصوراتي ذهني ايجاد مي‌کند که با واقعيت موجود در تضاد است...

ت) شگفتي در حکايت ادامه مي‌يابد، در مرحلهٔ دوم، تضاد ميان هوش و خرد انساني (يا مفاهيم ذهني) با واقعيت وجودي غول بياباني و از منظري ديگر، تضاد ميان پديدار غول مهيب و هولناك و ذهنيت عقب‌ماندهٔ وي، باز طنز آشکار را ايجاد مي‌کند.

ث) در مرحلهٔ سوم، ايجاد شگفتي بر اساس تضاد ميان واقعيت رواني ترس جوان از حيوان‌هاي وحشي و پذيرش ادعاي او از جانب قافله‌سالار است که طنز را به وجود مي‌آورد.

اغلب آنچه گفته شد طنز موقعيت نيز هستند. تضاد ميان موقعيت يك انسان بي‌پناه با غول مهيب بيابان اما چيرگي انسان بر غول، تضاد ميان وصيت پدر و حجره‌اي که در آن فقط تنبك و سرناست موقعيت‌هاي طنز را به وجود آورده‌اند، زيرا ـ گفته شد ـ اساس هر نوع

طنز بر تضاد است. مثلاً، در فيلم‌هاي كمدي نيز از اين تضادها بهره‌منده شده و بارها چارلي چاپلينِ ضعيف و نحيف در برابر مردي تنومند قرار مي‌گيرد و بر او پيروز نيز مي‌شود و يا يكي لاف و گزاف‌گويي دارد و واقعاً موضوع اصلي متضاد با گزافه‌گويي‌هاي اوست. (نظير كمدي‌هاي لورل و هاردي)

طنز عبارت: در بسياري از بخش‌هاي حكايت با شوخي‌هاي كلامي و طنز عبارت مواجه مي‌شويم، مثلاً «غول بيچاره ناچار چون از همه جا درمانده، براي شگفتي شاشيدن گرفتي. جوان نيز دهان مشك را تنگ گرفته آبي همي‌ريخت. غول فرياد برآورد كه اي خانه‌خراب، عالم را خراب و پر آب كردي!» و يا اينكه: «جانوران سنگ و ميل و كباده نمي‌ديدند، ورنه مي‌گرفتند و مي‌كشيدند.» و يا باز: «جانوران سر از پاي نشناخته به رقص آمدند. تو گفتي جوان كهنه‌سوار است و شير مياندار.»

شيوه‌هاي داستان‌پردازي

موضوع بسيار مهم، توجه حكيم قاسمي كرماني به واقعيت‌هايي نظير فرهنگ و باورهاي مردم و روابط اجتماعي دورة خودش است. با چنين زمينه‌هايي، حكايت باورپذير جلوه مي‌كند. مثلاً، در باور مردم غول‌ها بسيار بي‌خردند و يا توجه به روابط اجتماعي و ترس بي‌حد از شاه: «... تو اينك همه را رهاندي. خويش را با من به روز سياه نشاندي. مرا گوش و دماغ كَنند و تو را درفش و داغ [كُنند]... سالار بيچاره ناچار سر در قدم تنبك‌زن نهاده مي‌گفت و مي‌گريست...»

همچنين توجه حكيم به روان‌شناسي اشخاص و حتي توجه به نشانه‌هاي رفتاري، اين حكايت را به حدّ داستان‌هاي واقع‌گرا نزديك مي‌كند: «پسران شرمنده و قاضي، دست به ريش و به غايت رنجيده...»

حكيم قاسمي كرماني در فضاسازي‌هاي داستاني و بازگويي و

توصيف رفتارها نيز كاملاً واقع‌گراست و نظير نويسندة داستان‌هاي جديد رئال كار مي‌كند: «... گنبد خرابه‌اي به نظر درآورد. خود را بدانجا كشيد و گوشه‌اي واكشيد. چون پاسي از شب گذشت، بادي وزيدن گرفت و برفي باريدن. شغالي از سختي خود را به خرابه كشيد و به كنجي آرميد. [جوان] بيچاره خود را از بيم شغال در پس كلوخي پنهان كرده بر خود مي‌لرزيد... گرگ بزرگي لگدكو وارد شد، ناليد و حوالي بيچاره خوابيد... بيچاره نيز نم در كامش خشكيدن گرفت و دلش طپيدن...»

بهره‌مندي حكيم از زبان مردم، باز از ويژگي‌هايي است كه اين حكايت را به داستان‌هاي واقع‌گرا نزديك مي‌كند. مثلاً، مردم در گفتارهايشان به جاي برادر بزرگ‌تر و يا برادر كوچك‌تر مي‌گويند، بزرگي و يا كوچكي و يا در زبان مردم، به قرينة لفظي و يا بنا به قرينة معنوي، فاعل حذف مي‌شود. چنين اتفاقي در حكايت مذكور به دفعات رخ داده است.

از باب نمونه: «... برادر ديگر را غيرت خلوشي به جوش آمده... مي‌رفت. بيچاره تا غروب آفتاب به جايي نرسيد... شغالي به كنجي آرميد. بيچاره... بر خود مي‌لرزيد... ناگاه خرسي برف‌آلوده وارد و به گوشه‌اي غنوده، بيچاره دل‌شكسته مي‌ناليد...»

ميان صنعت شال‌بافي و تعبيرها و توصيف‌ها تناسبي هوشمندانه برقرار است:

«استادي رشتة عمرش بگسستن گرفت و نورد قامتش شكستن... اين بگفت و از كارخانة ناسوت به چالة برهوت شتافت.»

به سبب نثر مسجع و زبان آهنگين، مواردي در اين حكايت هست كه مي‌توان چون شعر نو آن را تقطيع كرد:

«غول گفت:

تو را چه فضيلت است
که نامت را بر نامم مزيّت است.
يا اثبات مزيّت
يا آمادهٔ جنگ
تو را نرسد که لاف همسري زني
چه جاي برتري.»

حکایت

خلیفه و بردستي خانه‌نشین شدند. بعد از چندي بناي شراکت گذاشتند. هر یکي یك «جنّ» مال‌الشراکه به میان نهادند و راه بیابان پیش گرفتند و رفتند. خلیفه فرمود که باید فنون جنون را به کار بریم تا چیزي به چنگ آریم. آگاه باش و با من همراه.

قطعه

هر آن کو خویش را دیوانه سازد
کند اندر دل بیوه‌زنان جاي
به سر دستاري ار ژولیده بندد
نهد بر تارك گوسالگان پاي

همواره مي‌رفتند تا آنکه به چوپاني رسیدند و خریدار تمام گلة گوسپند شدند. بعد از رضایت شبان، حقه‌اي برآوردند، مقدار دو «جن» شماره کردند. شبان آثار جنون مشاهده کرد. ترحمانه یك پیر بزغاله

تقديم کرد. برداشتند و راه بيابان گرفتند. قضا را دختر سلطان عصر از شکارگاه برمي‌گشت. بر ايشان برخورده که دست و پاي گوسپند را گرفته و مي‌کشيدند. دختر متحيرانه فرمود که اين چه عمل است؟

گفتند: ارادهٔ کشتن گوسپند داريم.

فرمود: کارد بر گلويش نهاده مي‌کشند و مي‌کشند؟

گفتند:نمي‌دانيم.

ترحمانه گلوي نازنين را مکشوف ساخته عملاً تعليم فرمود.

چنان کردند. من بعد دست و پاي حيوان را گرفته به زمين مي‌زدند که قصابي نمي‌دانيم.

باز دختر تعليمانه کشف ساق کرده که فلان موضع را سوراخ کرده باد مي‌کنند و پوست مي‌کنند.

قطعه

هر که ديوانگي به خود بندد
هم مگر قبلهٔ زنان باشد
محرمانه کنند کشف حجاب
کاين هم از حيلهٔ زنان باشد

دختر مرکب برانگيخت و فرمود که ديوانگان را به منزل بياورند و ضيافت کنند. چنان کردند. دايگان و خدمتکاران به خدمت ايشان مشغول شدند. ايشان هم ديوانگي به خود بسته ابلهي مي‌کردند. زنان گرد ايشان خنده‌زنان. همين که شام حاضر کردند حضرات پاي را به جاي دست در غذا مي‌کردند. زنان ترحمانه لقمه به دهان ديوانگان کرده. تا هنگام خواب لحاف را گرد سر پيچيده به اطراف مي‌دويدند. ناچار پهلوي هر يکي زني خوابيده که از لحاف بيرون نروند و آسوده باشند.

تا نيمه شب خليفه بالاي بام برآمده آغاز پيش‌خواني اذان کرده، زن‌ها سراسيمه دويدند که اگر پادشاه مطلع شود که نامحرمي به قصر

دختر است اهل حرم را به باد فنا خواهد داد. آن‌ها اصرار [و] خليفه انكار كه محال است دست بردارم. ناچار چند اشرفي نياز كردند. علي‌الطلوع جاي خالي كردند و گريختند.

قطعه

بهل اين رندي و زرنگي را
كه بود ماية جوان‌مرگي
ابلهي و توانگري بي‌شك
خوش‌تر از زيركي و بي‌برگي

همي رفتند و به وطن رسيدند و تقسيم كردند. يك جنّ خليفه زياد برده. [بردست] همه روزه مطالبه مي‌كرد.

قطعه

خواب راحت بر آن حرام بود
گرچه مديون پنج دينار است
واي بر حال مفلسي به جهان
كه مر او را يكي طلبكار است

چندان آزار خليفه كرده كه صرافت پيشه كرد كه نخواهم داد. روزي به عيال خويش سپرده كه مرا به هيكل مردگان بساز. همين كه بردست آمد آواز واويلا برآور. چنان كرد. بردست چون تردست بود يافته كه حيله به كار برده. فرياد برآورده كه من باب حق استادي بايد پاي فشرد و به گورش سپرد. زن بيچاره حيران شده بردست را بيرون كرده سر به گوش شوهر نهاده كه چه مي‌كني؟

گفت: به عملة موت بسپار كه شب مرا به غسالخانه بگذارند كه روز دفن كنند. شب خواهم گريخت.

چنان كردند. بردست اصرار مي‌كرد كه معطلي مرده از شرع نيست. بايد امشب او را دفن كنند.

عملة موت قبول نكرده به غسالخانه‌اش گذاشتند و رفتند. بردست تردست آنجا پنهان شده با دوك شكسته شبانگاهان به زير تابوتش رفته و آهسته آهسته سيخ مي‌زد و گاهي تا بيخ مي‌زد كه برخيز و پولم بده. خليفه از صرافت سيخ مي‌خورد و اعتنا نمي‌كرد.

شعر

صرافت رساند به جاييت كار
كه بر خود ستم‌ها كني اختيار

چون پاسي از شب گذشت اتفاقاً دزداني خزانة شاهي را كنده به غسالخانه وارد شدند كه تقسيم كنند. بردستِ تردست خاموش گشته از زير تابوت تماشا همي كرد. تا آنكه قسمت به شمشيري رسيد. چون يكي بود قابل تقسيم نبود. بنا بر اين شد كه هر كس تيغ را از تابوت و مرده گذرانيد همان راست.

بردست بيچاره آهسته به گوش مرده مي‌گفت: اي خدانشناس، از طلب گذشتم. چاره‌اي كن كه حالا تيغ فرود آيد و كشته خواهيم شد. گوشة كفن باز كرده ديد جواني [دو] پاي پس و پيش گذاشته حالاست كه تيغ را فرود آرد.

ناگاه برخاست و فرياد ناهنجاري برآورد كه مرده‌ها زنده‌ها را بگيريد. بردست تردست نيز از زير تابوت [برخاست]. غاره‌زنان بيرون آمد. پاي‌كوبان به جانب دزدان دويدند. بيچارگان ترسنده و هراسنده پول‌ها را ريختند و گريختند.

قطعه

چون بيايد جنبش باد قضا
همچو كاهي بركند كوه خرد
مال دزدي كي بماند بر كسي
هر چه را باد آورد بادش برد

چون گامي چند گريختند و رفتند بعضي برگشتند و گفتند مبادا زندگان مكري به كار برده و پول‌ها را خورده. كسي اقدام نكرده مگر رئيس دزدان، با قوت قلب، به بام غسالخانه برآمده مشاهده كند. در آن هنگام خليفه و بردست تقسيم اموال كرده بودند و براي يك دينار گفتگو [و كوفت و كو] داشتند. خليفه كلاه كهنه از سر انداخته كه اين عوض يك دينار.

رئيس از مشاهدهٔ اين حال متغيرالاحوال سر از پاي نشناخته خود را از بام انداخته به جانب دزدان شتافت [و مي‌گفت:]

قطعه

مي ندانم كه مردگان چندند
اين قدر بربخاستند از گور
كه به هر يك رسيده ديناري
مگر امشب دميده نفخهٔ صور

هنگامي رسيدم كه هر مرده‌اي ديناري برده بود و سر يكي بي‌كلاه مانده كه كلاهي عوض دينارش دادند. دزدان سراسيمه به جانب شهر گريختند. خليفه و بردست نيز [پول‌ها را] شبانه به منزل برده و اين قطعه را خوانده:

قطعه

جهد كن و صبر كن و كسب كن
كوشش و صبر است كليد فرج
هر كه طلب كرد و بكوشيد يافت
من قرع الباب و لجّ و لج

❋❋❋

شرح طنز: «طنز اجتماعي»، «طنز موقعيت» و «طنز عبارت» است و اين حكايت در گروه «طنز آشكار» قرار مي‌گيرد.

طنز اجتماعي است، زيرا مانند تمام آثار طنز اجتماعي، به مسائل، موضوعات و روابط اجتماعي مي‌پردازد.

در دورۀ قاجاريه که نه قانون حکمروا بود و نه عدالتي در کار بود و نه نهادي اجتماعي به حقوق اصناف مي‌پرداخت زمينه مستعد، و مساعد مي‌گشت تا عده‌اي تيزهوش و البته جسور و در همان حال ناپايبند به اصول اخلاق، راه نيرنگ و فريب در پيش گيرند. آن طور که خليفه (استادکار) بنا بر تجربه‌هاي بيشتر زندگاني، باري شاگرد خويش را وامي‌دارد تا با همديگر از طريق نيرنگ داد خويش از خاص و عام بستانند.

طنز موقعيت است، زيرا کارگر و استادکار «خانه‌نشين» يا بيکار، عملاً و برخلاف و حتي متضاد با موقعيت خود مي‌توانند بر صاحبان زر و زور غالب شوند، يعني در عمل و در عالم واقعيت داستاني، اين‌ها هم در حريم حاکم نفوذ مي‌کنند و هم بر راهزنان غالب مي‌شوند در حالي که پيش از آن خانه‌نشين و بيکار و بالتبع، تنگ‌دست و نادار بوده‌اند.

طنز عبارت و کلام در بيشتر جاهاي حکايت کارکرد دارد؛ مانند اين ابيات:

«هر آن کو خويش را ديوانه سازد
کند اندر دل بيوه‌زنان جاي
به سر دستاري ار ژوليده بندد
نهد بر تارك گوسالگان پاي»

و يا:

«با دوكِ شکسته، شبانگاهان به زير تابوتش رفته و آهسته آهسته سيخ مي‌زد و گاهي تا بيخ مي‌زد که برخيز و پولم بده!»

قابل توجه هنرجويان طنز اين است که همين طنز کلام باعث مي‌شود تا اثر، لحن طنز بيابد و لحن داستان چيزي است کما بيش

شبيه به لحن گفتار، همچنان كه لحن آدمي در بيان ماجرايي غمناك با لحن او در بيان موضوعي خنده‌آور متفاوت است، لحن داستان‌ها هم مي‌تواند متفاوت باشد. اين نكته كه كاركردي بسيار بااهميت در داستان‌نويسي دارد، گاهي اوقات از جانب نويسنده‌ها و اغلب اوقات از سوي مترجمان ناديده گرفته مي‌شود چنان‌كه لحن ترجمهٔ رمان يا داستان تراژيك همان لحن ترجمهٔ رمان يا داستان مثلاً طنزآميز را دارد!

شيوه‌هاي داستان‌پردازي

حكيم قاسمي، مانند شيوه‌هاي مدرن داستان‌نويسي، اشخاص را در حين كردار معرفي كرده است، يعني كردار آن‌ها معرّف شخصيتِ تيزهوش (خليفه و بردست) است. مثلاً وقتي كه آن‌ها مي‌خواهند خود را ديوانه وانمود كنند، چنين كردارهايي دارند:

«همين كه شام حاضر كردند، حضرات پاي را به جاي دست در غذا مي‌كردند... تا هنگام خواب، لحاف را گرد سر پيچيده به اطراف مي‌دويدند!»

طنز آشكار است، زيرا دو آدم بيكار خانه‌نشين در موقعيتي طنزآميز امّا آشكار (از ويژگي طنز آشكار است كه تضادها آشكارا خنده‌آورند) حتي بر راهزنان خوفناك پيروز مي‌شوند:

«فرياد ناهنجاري برآورد كه مرده‌ها، زنده‌ها را بگيريد! بردستِ تردست نيز از زير تابوت برخاست، غاره‌زنان بيرون آمد. پاي‌كوبان به جانب دزدان دويدند. بيچارگان، ترسنده و هراسنده، پول‌ها را ريختند و گريختند!»

همچنين خليفه و بردست تا حريم خصوصي حاكم نيز نفوذ مي‌كنند و اين موقعيت‌ها آشكارا خنده‌آور بوده و طنز آشكار را ايجاد كرده‌اند.

تكمله: حكيم قاسمي در شخصيت‌پردازيِ خليفه و بردست باز از

طریق کردارها آنها را طمعکار و لجوج معرفي کرده است:

«یك جنّ (دینار) خلیفه زیاده برده، بردست همه روزه مطالبه مي‌کرد... چندان آزار خلیفه کرده که صرافت پیشه کرد که نخواهم داد!»

این متن نیز، بازنویسي یکي از قصه‌هاي فرهنگ مردم است.

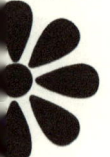

فرع دوم: در بخت و اتفاق

حکایت

وقتي باباجان و باباشو داشتم، عزيزدانه بودم و رخت شوواشو داشتم. لباسم رنگارنگ و کارم دنگ. بي‌عار بودم و بيکار. با کدخدا شاخ، با داروغه گستاخ. هنرم گوي‌بازي [بود]، کمالم ميدان‌بازي. خرگوش‌وار مي‌جکيدم [و] آهووار مي‌دويدم.

حکایت

شنيدم کيسهٔ ريالي به کوچه‌اي افتاده، خلوشي مي‌گذشت. همين که نزديك شد به خيال افتاد که اگر مبادا روزي کور شوم، چگونه از اين کوچهٔ پرپيچ و خم عبور کنم. تجربه‌کنان چشم را بر هم گذاشت و از کيسه درگذشت.

قطعه

بخت بيچاره‌اي چو برگردد
آنچه پيدا بود نهان افتد
دست اگر سوي خوان برد به مثل
لقمة نانش از دهان افتد

حکايت

خلوشي را ديدم سينه‌اش پيش و پينه‌اش از حد بيش. پينه‌دوزي مي‌کرد روزي مي‌خورد. کبريت‌فروش بود، ديگ جوش مي‌داد. از کنّاسي و عبّاسي ننگ و عارش نه. هر [که] هنري به بازويش هر دخلي به ترازويش. گاهي تون مي‌سوخت و بلبلي مي‌فروخت. شب خواب بود و سه قاب مي‌زد. عرق مي‌خورد و ورق مي‌کشيد. جاکشي مي‌کرد و گوش مي‌بريد. از هر جا درمي‌ماند هنري به کار مي‌برد، پفتال مي‌خورد. با خود مي‌گفت اگر کيمياگران از گرسنگي بميرند، مرا نوروز هر روز است و هر شب عيد قربان. قضا را روزگار حيله‌اي به کارش برد و خوارش کرد.

✽✽✽

ساختار اين حکايت (حکايت اول) شبيه به لطيفه است. لطيفه و يا به قول فرنگي‌ها (جوك)، ساختاري دوبني دارد و از يك مبتدا و يك منتها تشکيل شده است و معمولاً حد وسط ندارد و در عين حال، منتهاي لطيفه متناقض با مبتداست. تمام اين ويژگي‌ها در حکايت ديده مي‌شود. در حکایت بعدی،حکیم فضاسازی واقعگرا از شخصیتی به کار می‌برد که شغل خاص و جایگاه اجتماعی مشخصی ندارند و همین‌ها بعدها به شکل لمپن‌ها و لات‌های دوران جدید در می آیند. باز مانند حکایت اول است که به رغمِ مشاغل پست و آرزوهای دراز، روزگار و قضا، کار خود را می کند.

فرع سیم: در بي‌اعتباري دنیا

حکایت

یاد عهد جواني و ایام کامراني [که] گروهي هم لنگ بودیم و شلنگ مي‌کردیم، چفته و گوبر برمي‌داشتیم و بازارشاهي مي‌کردیم و خرجین‌ها گازکو مي‌کردیم. آش مي‌پختیم و شیربرنج مي‌خوردیم. هفته به سیدي وامي‌کشیدیم و دنج مي‌کردیم. حلواي ارده در شال پرده، دلمه در قابلمه، خرما به کیسه، ماست به شیشه، برنج خوره خوره، روغن دوره دوره، ریال سردنده و دل‌زنده.

قطعه

چه عجب گر فسرده‌ایم کنون
دل بمیرد به وقت بي‌پولي
واي بر جانت اي خلیفه اگر
پول بسم‌الله است و تو غولي

گاهي چلة تابستان به دامنة تندرستان مي‌رفتيم و سفره سبزي مي‌كرديم، هزار گونه پفتال مي‌خورديم.

قطعه

دست برده يكي به كاسة آش
وان دگر جانب كماچ سِهن
يكي از روي آب تنباكو
مي‌گرفتي كه بود رشك پهن
نفسي بود با دو صد سرفه
سرفه‌اي بود با هزار اهن

گاهي آش مي‌پختيم و مي‌خورديم و مي‌ريختيم.

قطعه

آش سركه‌انگبين و كشكي را
رشته باريك‌تر ز موي سبيل
كاسه‌اي بود و هفتصد رشته
رشته‌اي بود و هيجده آجيل

گاهي بلبلي مي‌پختيم به طاق علي مي‌رفتيم. گاهي رخت پاي تخت مي‌كشيديم، بازي قنبر در غار قنبر [مي] كرديم. شيخ صنعان به دامنة شيوشكان شلنگ مي‌كرديم و تلنگ مي‌زديم غاره مي‌كشيديم [و] سنگ خاره را پاره مي‌كرديم. گاهي به دولاب مي‌رفتيم دولابي مي‌خورديم.

شعر

ز كاهو و ترتيزك [و] ترپياز
همي كرد دولاب‌بانمان نياز

گرد حوضي وامي‌كشيديم [و] قليان مي‌كشيديم.

شعر

يكايك سري چاق كرده به لم
يكي آب بالا، يكي سيرنم

ديوان نوش‌آفرين مي‌خوانديم و قال مي‌كرديم. عشق مي‌باختيم و خيال مي‌كرديم. زمينه مي‌ساختيم. تهمت مي‌زديم [و] غيبت مي‌كرديم و دروغ مي‌گفتيم، تو كوك مي‌رفتيم.

قطعه

بلي آن را كه نان مفت بود
پيشه‌اش طعنه است و تسخر [و] كوك
هم مگر عاقبت سماق مكد
كه شود ميل گردنش چون دوك

رفته رفته باب مداخل بسته، گروهي پير و شكسته، عليل و لوطي ذليل، مُشتي مشطي قوز با خل و پوز.

شعر

جواني كه مي‌تاختي گپ و گپ
كنون آمده با اهنّ و تلپ

قطعه

از فسون‌هاي چرخ دولابي
اي بسا كربلايي و حاجي
كه شد آخر نورد قامتشان
كوژ همچون كمان حلاجي

آنان كه غُرچماق بودند و خشت از ديوار مي‌كشيدند عاقبت چماق شدند و سماق مكيدند. كساني كه هي هي مي‌زدند و مي‌دويدند، آخر فِخ فخ مي‌كردند و لخ مي‌كشيدند.

قطعه

آنان كه به صد جلال وامي‌بستند
آيا چه خبر شد كه كشيدندي لخ
از غرة شير اگر نبوديشان باك
اكنون بهراسند اگر كردي پخ

***

طنز در اين حکايت طنزِ پنهان و طنزِ فلسفي است. طنز پنهان، مانند شماري از اشعار حافظ و يا خيام، اين ويژگي برجسته و شاخص را دارد که تضادهاي آن پنهان و پوشيده‌اند و درك طنز مستلزمِ مشارکتِ مخاطب است. تضاد است ميان ايام جواني با آن توصيفاتي که حکيم آورده با ايام کهولت: «آنان که غرچماق بودند و خشت از ديوار مي‌کشيدند، عاقبت چماق شدند و سماق مکيدند. کساني که هي هي مي‌زدند و مي‌دويدند، آخر فخ فخ مي‌کردند و لخ مي‌کشيدند».

طنز در عين حال فلسفي و ناظر به سرنوشت غمگين بشر و شبيه به بعضي از رباعيات خيام در بي‌اعتباري و بي‌اعتنايي هستي به سرنوشت آدميان است!

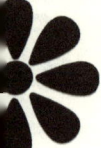

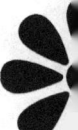

فرع سوم: در بی‌اعتباری دنیا

حکایت

نمی‌دانم حکایت چون نویسم

که خون از دیده‌ام بر صفحه ریزد

خدا را داد [و] بیداد از اجل داد

که نتوان رستم از چنگش گریزد

میان دوستان آرد جدایی

چه بتوانیم کرد از ما چه خیزد

ز مرگ اوستادان، خاک خجلت

بسی بر فرق بردستان بریزد

شبی به خواب دیدم که قبهٔ سبز خراب شد. به بردستان گفتم تعبیر کنید. «ان کنتم للرؤیا تعبرون. قالوا اضغاث احلام و ما نحن بتأویل الاحلام بعالمین.» زمانی سر به فکرت فروبردم، دانستم استادی کلفت دار فانی را وداع خواهد گفت. چندی نشد که استاد اجل سر به خاک تیره فروبرد.

قطعه

آن كس كه هزار شال سنگين
بر گرد نورد داشتي بيش
آخر دو سه شال بوته لاكي
پيچيدي چرخ بر عماريش

بردستان جمع شديم، يخه‌ها شيت داده و خيت شده. اما ننگ را بر خود نگذاشتيم. سنگينش برداشتيم. نوكرت نوحه‌اي بديهه گفت و جلو رفت. بردستان سينه مي‌زدند و دم مي‌كشيدند.

النوحة

اي بسا خون ريختي تار دل بگسيختي
خاك بر سر ريختي، اي فلك ويران شوي
يك دل از تو شاد ني، يك خراب آباد ني
بنده‌اي آزاد ني، اي فلك ويران شوي
در جواني طاق شد شهرة آفاق شد
هر چه سر بد قاق شد، اي فلك ويران شوي
اوستا در خاك شد با دل صد چاك شد
پاك آمد پاك شد، اي فلك ويران شوي
اوستا از جان و دل، جرمِ بر دستان بهل
پاي بيرون كن ز گل، ايَ فلك ويران شوي

خلاصه، برديم و به خاكش سپرديم. برگشتيم و نشستيم. جايت خالي سه روز و سه شب «پلومرگان» خورديم و لذت برديم.

قطعه

الا اي شال‌بافان، دل مبنديد
به دنيا كو بسي بي‌اعتبار است
همانا دل نبندد هيچ دانا
بر آن كو فاني و ناپايدار است

ز دنيا سر به سر پرهيز پرهيز

كه گنجش مار و شهدش زهرمار است

ز زخم تير او در خاك تيره

هزاران رستم و اسفنديار است

بسي استاد و بردست و خليفه

كه شال جانشان بگسسته تار است

عروسي را بهل اي تازه داماد

كه از خونت سرانگشتش نگار است

فغان زان مادري كو پرورد طفل

به خونش تشنه است و بي‌قرار است

ز دست مادري فرياد فرياد

كه اينش عادت است و اينش كار است

ترحم زان چنان مادر مجوييد

كه قتّال صغار است و كبار است

الا اي كودكان زان دايه پرهيز

كه خون‌ريز هزاران شيرخوار است

چشاند خسروي را تلخي مرگ

كه شيريني يكي را انتظار است

٭ ٭ ٭

اين حكايت نيز، همچون حكايت پيش، طنز پنهان و طنز فلسفي است با اين تفاوت‌ها كه:

الف) هم ساختار و هم بيان اين حكايت و بالتبع طنز مستتر در آن نيز، بسيار قدرتمندتر از حكايت قبل است.

ب) تفاوت لحن‌ها در اين حكايت بسيار مشهود است. حكيم قاسمي با استادي تمام و رشك‌برانگيز سه لحن متفاوت را به كار مي‌گيرد:

۱. لحن نوحه: اشعاري با وزن و آهنگ سنگين مرثيه‌وار:

«... در جواني طاق شد، شهرهٔ آفاق شد
هر چه سر به قاق شد، اي فلك ويران شوي
اوستا در خاك شد با دلِ صد چاك شد
پاك آمد، پاك شد، اي فلك ويران شوي»

۲. بلافاصله لحن نوحه تبديل به لحن گزارش سرخوشانه مي‌شود:

«جايت خالي! سه روز و سه شب "پلومرگان" خورديم و لذت برديم!»

۳. و بلافاصله، لحن حكيمانه در شعرهايي با مضمون فلسفه آورده مي‌شود:

«الا اي شال‌بافان، دل مبنديد
به دنيا كو بسي بي‌اعتبار است
همانا دل نبندد هيچ دانا
بر آن كو فاني و ناپايدار است
ز دنيا سر به سر پرهيز پرهيز
كه گنجش مار و شهدش زهرمار است
ز زخم تير او در خاكِ تيره
هزاران رستم و اسفنديار است...»

تكمله: بينش و بيان حكيم قاسمي كرماني بينش و بيان حكيم خيام را به ذهن متبادر مي‌كند كه:

«مرغي ديدم نشسته بر بارگه طوس
در پيش نهاده كلهٔ كيكاووس
با كله همي گفت كه: افسوس، افسوس
كو بانگ جرس‌ها و كجا نالهٔ كوس؟»

و يا:

«بهرام كه گور مي‌گرفتي همه عمر
ديدي كه چگونه گور بهرام گرفت؟»

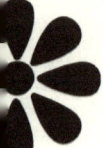

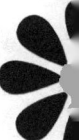

فرع چهارم: در ضرر غرت

حکایت

تو بمیري که [وقتي] نهنگ پلنگ بودم و کارم دنگ. نانم آماده بود و جایم افتاده. پر و پایم قرص و روزیم گُرس گرس. کارم هرج و مرج بود و گُروگر خرج و برج.

قطعه

به تعریف و بر و بند و خوشامد
هزاران لوطیان دورم گرفتند
گهي استاد مطلق خواندندم
گهي یحیي و حاتم مي بگفتند
شبانگاهان به خانه[ام] هفته هفته
همي پفتال خوردند [و] بخفتند
شدم آخر چو لرگ [و] آدریمون
مرا بگذاشتند و صاف رفتند

رفیقي که تو باشي گاهي چخانم مي‌کردند و خان‌اَم مي‌گفتند و مالم مي‌رُفتند. گاهي کربلایي مي‌خواندند و بخارایي مي‌خوردند. گاهي

شوخيانه مشت بر هم مي‌كوفتند و آش مي‌خوردند و غلماش مي‌رفتند. شيربرنج مي‌خوردند و دنج مي‌كردند. برنج عنبربو مي‌خوردند يلم‌بو مي‌زدند. هلوي كاردي مي‌خوردند و باردي مي‌كردند. هندوانه و خربوزه مي‌خوردند و پك [و] پوزه مي‌كردند. خيار بالنگ مي‌خوردند و شلنگ مي‌زدند. شليل مي‌گرفتند و سبيل مي‌كردند. شيريني مي‌چشيدند و از كيسهٔ خليفه مي‌بخشيدند.

قطعه

جود و بخشش نكوست اي فرزند
نه كه از كيسهٔ خليفه دهي
نرگدايي به است از آنكه كني
صاف در ملك [غير] پادشهي

بالجمله كارم روچ شد و حرفم پوچ، دوستانم دشمنان، همگنانم شماتت‌كنان.

قطعه

آنان كه سلام [و] كرنشم مي‌كردند
آخر به جوابي به علي بند شدم
از شصت سلام يك جواب ار ديدم
بر خويش بباليدم [و] خورسند شدم

چه كار داري، رفته رفته به كاكل دلدل از اهل شاغل شدم و آسمان‌جل.

قطعه

تو بميري كه باد غرت از سر
رفت [و] شد ميل گردنم چون دوك
عاقبت شد چماق [و] دست‌مره
آنكه مي‌كرد عالمي را كوك

***

طنز اجتماعی آشکار، طنز موقعیت و طنز عبارت است:

۱. طنز اجتماعی و آشکار است، زیرا به موضوع مبتلا به جوامع نابسامان و پر از تضادهای طبقاتی می‌پردازد که به سبب پریشانی اوضاع اقتصادی ـ اجتماعی جماعتی یک‌شبه ثروتمند می‌شوند بی آنکه تلاش و کوشیدنی پشتوانهٔ ثروتشان باشد و گروهی یک‌شبه مفلس می‌شوند.

حکایت به شیوهٔ اول شخص راوی بیان شده است و همین انتخاب راوی به حکیم قاسمی امکان داده است تا مانند شیوهٔ پست‌مدرن راوی در متن دخالت آشکار داشته باشد و خواننده را مخاطب قرار دهد: «تو بمیری!» حکایت چنین شروع می‌شود. نکتهٔ مهم برای هنرجویان طنز این است که طنزنویسان بزرگ به‌راحتی لحن طنز را به کار می‌گیرند و لحن طنز از جمله عبارت است از: بهره‌مندی خلاقانه از اصطلاحات رایج در فرهنگ مردم. اصطلاحاتی همچون «تو بمیری» و یا «به جان تو» و یا «به مرگ تو» از سوگندهای رایج در فرهنگ مردم است.

۲. طنز موقعیت است، زیرا موقعیت اجتماعی راوی در آغاز چنین است: «نانم آماده بود و جایم افتاده. کارم... گروگر خرج و برج»

۳. طنز عبارت و کلام به وفور در حکایت به کار رفته است. البته بنای طنزِ عبارت نیز بر تضاد است، مانند اینکه لوطی‌ها به راوی و شخص اول و اصلی حکایت، بنا به زیرکی و کلاهبرداری و در تضاد با واقعیت وجودی او، چنین می‌گویند: «گهی یحیی و حاتم می‌بگفتند... و گاهی چخانم می‌کردند و خانَم می‌گفتند و مالم می‌رُفتند...» و یا باز طنز عبارت و شوخی کلام در این توضیحات و توصیف‌هاست:

«گاهی شوخیانه مشت بر هم می‌کوفتند و آش می‌خوردند و غلماش می‌رفتند...»

و یا:

«گاهي (مرا) کربلايي مي‌خواندند و بخارايي مي‌خوردند.»

شیوه‌هاي داستان‌پردازي

الف) شخصیت‌پردازي:

راوي آدم صاف و ساده و در عین حال زودباور و مغروري است که فریب زبان‌بازي و «چخان‌ها» را مي‌خورد.

دوستانِ راوي آدم‌هايي کلاهبردار و عوام‌فریب هستند که با چخان گفتن‌ها در واقع، راوي و یا شخص اصلي حکایت را غارت مي‌کنند:

«شبانگاهان به خانه‌ام هفته هفته
همي پفتال خوردند و بخفتند
شدم آخر چو لرگ و آدريمون
مرا بگذاشتند و صاف رفتند!»

و یا:

«شیریني مي‌چشیدند و از کیسة خلیفه مي‌بخشیدند.»

ب) لحن حکایت:

۱. لحنِ گزارشي است؛ این لحن مناسب حکایت‌هاست، اما نویسنده‌هايي مانند بورخس و هرمان هسه نیز از این نوع لحن داستاني بسیار بهره‌مند شده‌اند. از ویژگي‌هاي این نوع لحن داستاني است که به جوهر و یا اصل ماجرا مي‌پردازد و در همان حال زوائدي (که گاهي در پیشبرد داستان ضروري نباشند) حذف مي‌شوند. و باز از ویژگي لحن گزارشي است که «صفت‌ها» و «قیدها» کاربرد فراوان دارند.

۲. لحن طنز دارد. حکیم با به‌کارگیري کلمه‌ها و اصطلاحات رایج در فرهنگ مردم، با تعبیرها و توصیف‌هاي شوخ و پرطراوت، که خاص زبان مردم است، و در همان حال با مخاطب قرار دادن خواننده

قراردادهاي رسمي حكايت «نوشتن» را بر هم زده و از مجموع اين همه به حكايتْ لحنِ طنزْ، آن هم طنزِ فاخر داده است كه با لودگي و شوخي‌هاي بي‌مزه تفاوت دارد.

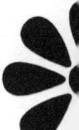

فرع چهارم: در ضرر غرت

حکايت

وقتي لوطي اجلاف بودم و سينه‌صاف. زندي سخن مي‌گفتم وَلّا راه مي‌رفتم. هر روز قبايي، هر هفته عبايي، هر ماهي صيغه‌اي، هر سالي انگشتري و شال بوته جيقه‌اي. هر کس سلامم مي‌کرد انعامم مي‌ديد. اکرامم مي‌ديد غلامم مي‌شد.

شعر

گر تلطف کني و بدهي چيز
مرد و زن مر تو را غلام و کنيز

هر روز اسباب تازه‌اي مي‌خريدم که آوازه بلند کنم. ريال مي‌پرداختم خانه‌ها مي‌ساختم. خاك کهنه برمي‌انگيختم، طرح نو مي‌ريختم.

قطعه

سکهٔ پاك ناصرالدين شاه
مي‌گرفت اوستا به ناپاکي
که به تعمير خرج بنايي
مرد بايد که کرد بي‌باکي

روضه‌خواني مي‌کردم و مهماني مي‌دادم. در و طاقچه مي‌چيدم و به خرج مردم مي‌دادم.

مثنوي

نمودار بُد هر چه بوديم چيز
هم از ديگ و اسپايه [و] کفچليز
به هر گوشه‌اي بود چيزيم درج
نبد سوزني کش ندادم به خرج

نوکرت ميان تنگ مي‌بست در خانه مي‌نشست، با هزار من باد [و] غرور. مي‌داني چه جور؟

قطعه

سر به زير اوفکنده چون سالوس
دستمال بريشمين بر دست
متغني به صوت گريه [و] ناز
گاه دانگي بلند و گاهي پست
مختصر گويمت که بادة غرت
مر مرا داشت سرخوش و سرمست

زمين مزيّن به فرش مرغوب، ديوارخانه به ديوارکوب. پرده‌هاي سيرمة ماهوت و تيرمه. همسران و دشمنان حسرت‌بران و تماشاکنان. دماغي داشتيم و اسباب چراغي. هنوز آفتاب عالمتاب بود که بانگ لاله و جار رشك آهنگ سنتور و تار مي‌شد و هر چشمي چار.

مثنوي

نخوانم شبش بلکه روزي عيان
که وصفش نمي‌گنجد اندر بيان
گرش روز خوانم نباشد صواب
کجا روز باشد هزار آفتاب

همين بس که خرطوم پشه و مژگان مور بر شبکور هويدا بود و

ستارگان ناپيدا. بالجمله ظاهرش خداپرستي و باطنش خودنمايي و اظهار هستي. به مفاد «ان الله لايقبل عمل المرائي» عمل باطل بود حاصل نبخشيد، «و قدمنا الي ما عملوا من عمل فجعلناه هباءً منثورا». رفته رفته كيسه[ام] خالي و خانه‌ام تكية مولا قلي. روي‌اندازم گدائي، زيراندازم بورياي مسجد كيائي. ناهارم خميازه، شامم آوازه، پيشه‌ام دست‌درازي، شيوه‌ام نيزه‌بازي. در شكار خوردني چون باشه، پاي ديگ بلبلي لاشه. شاغول مي‌گرفتم توشاكول مي‌خوردم. خشكه‌بند مي‌شدم چرند مي‌شنيدم.

قطعه

آنكه سالي دو ماهش در مطبخ
ساز كفگير بود و عاشوري
آخرالامر سقف مطبخ او
شد همي رشك رنگ بلّوري
هر كجا دود مطبخي مي‌ديد
رفت [و] مي‌كرد صاف مزدوري

***

حكايتي كه خوانديد مبتني بر طنز اجتماعي آشكار و طنز موقعيت است.

الف) به اين سبب كه به مسائل اجتماعي مي‌پردازد، همچون حكايت قبل، طنزِ اجتماعي است.

ب) طنز موقعيت است، باز همچون حكايت قبل، موقعيت راوي در آغاز و پايان و سرانجام متفاوت و حتي متضاد است.

ج) طنز آشكار است، زيرا موقعيت متكبر و در همان حال عوام‌فريبانة راوي با واقعيت رواني، واقعيت انديشه و منش و شخصيت او متضاد است.

شيوه‌هاي داستان‌پردازي

۱. حكيم در اين حكايت به روان‌شناسي راوي (اول شخص) پرداخته است. اگر داستان يا حكايت از زبان اول شخص يا «من ـ راوي» بيان شود، آن‌گاه «من ـ راوي» نيز از اشخاص داستان محسوب مي‌شود و راوي، در عين روايت داستان، خود نيز، يكي از اشخاص داستان به شمار مي‌آيد. به عبارتي، داستان از زاوية ديد و روايتِ «راويِ داستاني» بيان مي‌گردد كه با داناي كل تفاوت دارد. باري، اين شخص داستان آدمي متكبر، خودخواه و حتي رياكار است. حكيم قاسمي شخص اصلي داستان را با اين نحوة توصيف در واقع در معرض روان‌كاوي درمي‌آورد:

«نوكرت ميان تنگ مي‌بست، در خانه مي‌نشست. با هزار من باد و غرور. مي‌داني چه جور؟

سر به زير اوفكنده، چون سالوس
دستمال بريشمين بر دست...
مختصر گويمت كه بادة غرت
مر مرا داشت سرخوش و سرمست»

و يا اوج روان‌كاوي با دخالت آشكار راوي در اين قسمت است كه: «بالجمله ظاهرش خداپرستي و باطنش خودنمايي و اظهار هستي.»

۲. لحن داستان، مانند حكايت قبل، به شيوة پست‌مدرن با دخالت آشكار راوي همراه است و خواننده را با اصطلاحات رايج در فرهنگ مردم مخاطب قرار مي‌دهد:

«نوكرت ميان تنگ مي‌بست... مي‌داني چه جور؟»

۳. فضاسازي در اين حكايت آن‌چنان قوي است كه مخاطب حكايتْ مكان و فضاي وقوع ماجرا را با تصويرسازي به عينه مي‌بيند.

«زمين مزيّن به فرش مرغوب، ديوارخانه به ديواركوب. پرده‌هاي سيرمهٔ ماهوت و تيرمه... هنوز آفتاب عالمتاب بود كه بانگ لاله و جار رشك آهنگ سنطور و تار مي‌شد...»

۴. توجه به آداب و رسوم و كاركرد آن در بيان ماجراها: «زندي سخن مي‌گفتم... هر روز قبايي... هر سالي انگشتري و شال بوته جيقه‌اي. هر كس سلامم مي‌كرد انعامم مي‌ديد...»

حکایت

یاد دارم که الدنگ و جوان بودم. آجیلم مفت بود و گردنم کلفت. ترکهٔ انار و چرم همدانی می‌دریدم و خشت از دیوار می‌کشیدم. به زورخانه می‌رفتم و کشتی می‌گرفتم. کار هزار می‌کردم، میاندار بودم. پای می‌زدم، روبه‌روی کهنه‌سوار چرخ می‌زدم، رباعی می‌خواندم.

رباعی

هی هی
آنان که به خون خویش بازی کردند
در هر دو سرای سرفرازی کردند
هی هی
در عالم جان سری شدندی مدیون
در عرصهٔ جسم کارسازی کردند
ناز شست کهنه‌سوار.

پس [از] هزار چرخ به هر طرف دست‌درازی می‌کردم، جواب

مي‌شنيدم. با نوچگان به مدارا يکان يکان کشتي مي‌گرفتم. قوس و چرخ و دولاب، آرنج و پا در علم و پلنگ اشکن ياد مي‌دادم و بدل هر کاري را اعتبار مي‌کردم.

چون نوبت پهلوانان مي‌رسيد کهنه‌سوار دست از کار مي‌کشيد و خروش هل من الدنگ به فلك مينارنگ بلند مي‌شد. پس از صلوات محمدي به خاك مي‌افتاديم و زمين را بوسه مي‌داديم.

قطعه

هي هي
آنان که ميان تنگ به مردي بستند
از قيد وجود خود به‌کلي رستند
در روز ازل ز خون خود نوشيدند
مستي کردند و جام را بشکستند

سرشاخ مي‌شدم و هن هن به فلك بر مي‌شد، عرق چون باران از ناودان. آخرالامر لُنگ مي‌انداختند و جدا مي‌ساختند. لنگ را به گردن، و چراغ طلب مي‌کردم. هر که چراغ اول را بدهد سرش بي‌پاي نشکند. چراغ دويم و سيم تا هفت چراغ مي‌گرفتم و تسليم کهنه‌سوار مي‌کردم.

قطعه

بوسه دادم زمين [و] چون شاهين
برپريدم ز سر زمين سرگود
مشت‌ماليم نوچگان دادند
کردم آنگاه سوي منزل عود

بالجمله بيکار بودم و هر صبحم اين کار بود. غرچماقي‌ها مي‌کردم و گردن‌شقي‌ها. نهنگ پلنگي داشتم و الدنگي. من جمله روزي با جمعي از دوستان به هواي باغ و بوستان رفتيم و جشني گرفتيم. ميان تنگ بستم و قوچ‌وار دنبال [و] شيروار پيش خم و پل مي‌جستم. نوکرت از آنجا

كه پوزه‌پق بود و گردن‌شق مي‌خواست در هر هنري بر همسران برتري بجويد، لهذا بادهٔ غرت مي‌نوشيد و مردانه مي‌كوشيد. تو بميري شش ذرع مي‌جكيدم و چون گلهٔ توپ كمانه مي‌كردم و مسافتي مي‌پريدم. قضا را شباني كه به قپان نمي‌آمد حاضر بود و ناظر. هوس جستن كرد و از جاي برخاست و همسري خواست. عاقبت چماق شد و سماق مكيد. همي رفت و خشمانه نگه كرد و گفت:

قطعه

مرد بايد دلاور و جنگي
ورنه اين گونه كارها بازي است
كشتي آمد شعار پيل‌تنان
تاز و تك نيز پيشهٔ تازي است

مرا مي‌گويي چشمم چون دو خونين طاس، رگ‌هاي گردن همچون چنار حوض الماس. موي اندامم چون پيكان گرد سيستاني يا مژگان چيني و تركستاني. سر از جوشن جامه برون كرد[ه] افراسيابانه جستم، سهرابانه كمر بستم. پاي مردي پيش و پس دست دراز كردم.

مثنوي

بدو گفتم اي غرچماق و كلفت
خلاف است اگر هرزه گويي و مفت
هر آنكوت يال و بر و برز ديد
مگر كوه الوند و البرز ديد
ولي، كاهي اندر حقيقت نه كوه
كه يك جو نداري جلال و شكوه
اگر خويش [را] خواني اكوان ديو
چو رستم برآرم ز جانت غريو
گر اسفنديارانه رويين‌تني
كنون بايد از ديده دل بركني

[بالجمله] قپز ريختيم، در هم آويختيم. يك دست به ميل گردن، دستي به قبضة تنكه، گاهي كندة زانو. نوكرت هر كاري را به چالاكي بدل مي‌كرد. من جمله تو حلق مي‌كرد. دستش را دندان مي‌گرفتم، قوس مي‌كرد. به خاك مي‌رفتم، بلند مي‌كرد. پاي تو كار مي‌بردم، دشت و هامون از آواز هن هن پر شد و گوش فلك كر. تو گفتي پيلان دژم به هم آويختند يا شيران بيشه در هم ريختند. كوه البرز دريدن است يا رعد بهاري را غريدن. تزلزل در اركان زمين است يا تخلخل به چرخ برين است. بامدادان تا چاشتگاه كشتي مي‌گرفتيم و پيش [و] پس همي رفتيم. عاقبت به قول يزدي «اينش زدم اونم زد، بلندش كردم زمينم زد».

قطعه

لنگي آخر چنان برو بستم
که کدوي سرم بگفتي درق
باد غرت ار نبود در سرکي
مي بجستي ز پيش چشمم برق

قطعه

هان بکن از کُله برون باد غرت
گرچه سري خالي ازين مشکل است
غرت به پيرت که به معني تو را
دشمن پا و سر و جان و دل است
حفظ بدن گير و زرنگي بهل
گرچه بگويند فلان تنبل است

***

طنز در اين حکايت طنز آشکار اجتماعي، طنز موقعيت و طنز عبارت است.

الف) طنز اجتماعي و آشکار است. همچون حکايت‌هاي گذشته،

اين حكايت نيز به مسائل و موضوعات اجتماعي مي‌پردازد و در عين حال طنز آشكار است، زيرا همانند حكايت‌هاي قبل، موقعيت راوي در آغاز و پايان حكايت، بسيار متفاوت و حتي متضاد است.

ب) طنز موقعيت است، زيرا راوي كه در آغاز پهلواني است كاردان و بي‌حريف، سرانجام، از يك چوپان بيابانگرد به طرزي بسيار تأسف‌بار به زمين مي‌خورد:

«به زورخانه مي‌رفتم و كشتي مي‌گرفتم... مياندار بودم... با نوچگان به مدارا، يكان يكان كشتي مي‌گرفتم...» اما سرانجام همين پهلوان «لنگي آخر چنان بدو بستم/ كه كدوي سرم بگفتي درق!»

ج) طنز عبارت در حكايت زياد است. در طنز عبارت يا همان شوخي‌هاي كلام تعبيرها و توصيف‌ها مضحك و خنده‌آورند: «آجيلم مفت بود و گردنم كلفت» و يا: «خروش هل من الدنگ به فلك مينارنگ بلند مي‌شد.» «الدنگ» كلمه‌اي فارسي و «هل من» عربي است كه جمع ميان آن‌ها مضحك مي‌شود.

شيوه‌هاي داستان‌پردازي

الف) شخصيت‌پردازي:

«من ـ راوي» يا اول شخص آدمي است كه بر اساس جواني خودخواه و مغرور است و در عين حال، زورمندي باعث افزايش غرور او مي‌شود:

«نوكرت از آنجا كه پوزه‌پق بود و گردن‌شق، مي‌خواست در هر هنري بر همسران برتري بجويد. لهذا بادهٔ غرت مي‌نوشيد و مردانه مي‌كوشيد.»

چوپان نيز خودخواه است و نابخرد:

«همي رفت و خشمانه نگه كرد و گفت:

مرد بايد دلاور و جنگي

ورنه اين گونه كارها بازي است

كُشتي آمد شعار پيلتنان

تاز و تك نيز پيشة تازي است»

چوپان كه در مسابقة پرش يا به قول ما كرمانيها «جكيدن»، حريف راوي نبوده، با نابخردي و خودخواهي به حريف غالب دشنام ميدهد و او را بچه و حتي سگ خطاب ميكند.

ب) ايجاد تضاد:

تضاد ميان دو آدم همخوي خودخواه و نابخرد در رقابت ورزشي باعث گرهگشايي و به فرجام رسيدن حكايت ميشود.

ج) توصيف و توضيحات عيني:

حكيم قاسمي كرماني، با نبوغ خود، همچون يك نويسندة واقعگرا و با توصيف و توضيح عيني از ورزش باستاني صحنة داستان را در برابر مخاطب به تماشا ميگذارد:

«... پاي ميزدم، روبهروي كهنهسوار چرخ ميزدم... كشتي ميگرفتم. قوس و چرخ و دولاب، آرنج و پا در علم و پلنگاشكن ياد ميدادم...»

و نمونههاي متعدد ديگر از اين نوع.

لحن داستان متناسب با مضمون حكايت كه شرح پهلواني و ورزش باستاني است. تعبيرها، توصيفها، استعارههاي داستاني اغلب حماسي هستند كه در زمينة طنز كارآيي يافتهاند؛ از باب نمونه به اين بخشها دقت كنيد كه حكيم قاسمي كرماني با چه قدرت بينظيري توصيفهاي حماسي را در زمينة طنزآميز ميآورد:

«تو گفتي پيلان دژم به هم آويختند يا شيران بيشه در هم ريختند!

كوه البرز دريدن است يا رعد بهاري را غريدن. تزلزل در اركان زمين است يا تخلخل به چرخ برين است!»

همة اين وصف‌هاي حماسي و درشت‌نما، در بيان كشتي گرفتن يك جوان و يك چوپان است كه جلوة طنزآميز مي‌يابد، خاصه وقتي كه حكيم مي‌نويسد: «عاقبت به قول يزدي: «اينش زدم اونم زد، بلندش كردم زمينم زد».

جمله‌هاي فوق طنز عبارت نيز هست كه در آن شوخي‌هاي كلامي را نيز مي‌بينيم.

تكمله: در اين حكايت نيز روان‌شناسي اشخاص به طرزي آشكار بيان شده است. راوي و شخص اصلي حكايت از توهين‌هاي چوپان به خشم مي‌آيد و اين خشم اين گونه بيان مي‌شود:

«مرا مي‌گويي، چشمم چون دو خونين طاس، رگ‌هاي گردن همچون چنارِ حوض الماس. موي اندامم چون پيكانِ گرد سيستاني يا مژگان چيني و تركستاني.»

و باز در اين حكايت، حكيم در موارد متعدد خواننده را مخاطب قرار مي‌دهد، مانند «مرا مي‌گويي» و يا: «تو بميري» و امثالهم؛ با اين شيوه است كه لحن حكايت از ادبيات رسمي و جدي فاصله مي‌گيرد و به لحن طنز نزديك مي‌شود. بي‌ترديد حكيم قاسمي در طنزنويسي نبوغ داشت.

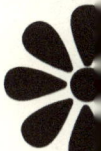

فرع پنجم: در علامات غرتي مشتمل بر سه شاخه

اول در اشکال - دویم در افعال - سیم در حالات شاخهٔ اول در علامات

علامت - بزرگ‌کله، کوچك‌اندام، تیره‌رنگ زردفام

[علامت] - چشم‌دریده، مژگان‌ریخته، پیشاني بزرگ ناهموار، بیني کشیده.

[علامت] - فراخ‌چشم و تنگ‌دهان، پیوسته‌ابرو، گشاده‌دندان.

[علامت] - کوسه [و] بلندقامت و بلنددندان [و] باریك‌صورت.

[علامت] - کوتاه‌قامت و بلند[دندان]، باریك‌صورت و فراخ‌دهان.

[علامت] - باریك‌میان، پوزه‌پق، فراخ‌سینه و گردن‌شق.

[علامت] - گردن‌کلفت و غبغب‌دار، بزرگ صورت [و] ناهنجار.

شاخة دويم در افعال غرتي

رود[ه]اش از گرسنگي بشكند و از كسي تملق نكند. به جاي نان آب نوشد و لباس فاخر پوشد. منّت نبرد، [پردة] آبرو ندرد. شكمش از بي‌قوتي وق وق كند گردن‌شق بگيرد تا بميرد.

قطعه

مشطي تيل ببايد كه شود قابل غرت
ورنه هر بي سر و پاي لوطي و غرتي نشود
غرتي آن است كه از خم سرش بادة غرت
مي‌نريزد به علي تا مگرش سر برود

مورچگان در كيسه‌گانش يدك كشند گردن‌شق گيرد و چپق كشد. زنگ دندان، كراش بسته دهان، بي‌خيال و برهنه خوشحال. مطيع نشود زير بار كسي نرود. خاك خُفت باشد و لوطي كلفت. بيگانه و خويش را كم از خويش پندارد. از خدا نترسد و از كدخدا نهراسد.

مصرع

نه هر كه طرف كله كج نهاد غرتي شد

همواره از مردم كناره گيرد، پند احدي نپذيرد. عاشق رياست [است] طالب شهرت. لباسي پوشد كه ديگران نپوشند. غذايي نوشد كه سايرين ننوشند. اگر في‌المثل مردم غذايي بي‌نمك خورند آن قدر شور خورد تا چشمش كور شود. اگر در هواي گرم كلاه بردارند و عرق‌چين گذارند سربرهنه در آفتاب گرم شود تا دنگش نرم شود.

شعر

لو كان في الرأس عاريا شرف
فما تقول و رأس الخرس عريان

نازك نازك بپويد و كلفت بگويد. در انجمن صدر نشيند يا صف‌النعال گزيند. يا زياده‌روي كند يا كوتاهي تا در گمراهي افتد. راهي پويد كه

كس نرفته، چيزي گويد كه كس نگفته.

شاخة سيم در حالات

در حوصله‌اش هيچ نگنجد. به اندك چيزي برنجد. گاهي دوستي كند،
گاهي پوست از سر بكند. خودپسند خودراي، پفيوز چلغوزنماي،
زشت‌خوي درشت‌گوي، تلخ‌گفتار ترش‌روي.

قطعه

چشم از هر دو كاسه رفته برون
گره و چين بر ابروان و عبوس
يك و پوزش به جاي خوش‌رويي
عوض لعل نوشخندش لوس

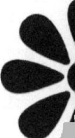

فرع ششم: در علامات کله

[علامت] ـ دهان خشکیدن، لباس مکیدن، مبهوت شدن، سکوت کردن.

[علامت] ـ جا به جا شدن، حرکت کردن، خمیازه کشیدن، آب دهان فرو بردن.

[علامت] ـ سبیل بتابد، دستی به سوراخ کند، گاهی گاهی بردارد، خار و خسی بشکند.

[علامت] ـ دستی بکشد فرشی صاف کند، عبایی بتکاند، گردی بیفشاند، انگشتی بشکند، آروقی بزند، چشمی بمالد و سینه‌ای صاف کند.

[علامت] ـ سرفه‌ای کند، عضوی بخارد، آهی کشد و نفسی برآرد.

[علامت] ـ کار بی‌خاصیتی کند، سخن بی‌مناسبتی گوید، غیر مأکول بخورد، غیر معمول ببوید.

[علامت] ـ رنگ به رنگ شود و نفسش تنگ شود، صدایش سنگین، آوازش رشک گرجین.

***

تمام اين بخش يا فرع در علامات يا نشانه‌هاي آدم متكبر و خودنماست كه مشتمل بر سه شاخه است: اول، در شكل‌ها؛ دوم، در كردارها؛ و سوم، در حالت‌ها.

ويژگي مشترك در هر سه شاخة اين بخش عبارت است از طنز كلام و شوخي عبارت‌ها كه بيانگر طنز موقعيت است، و بناي طنز موقعيت نيز بر تضاد جايگاه واقعي اجتماعي انسان است آن طور كه هست در برابر و در تقابل با آنچه مي‌پندارد كه هست. قابل توجه هنرجويان طنز يكي توجه به همين نكته است كه طنز موقعيت گرچه بر اساس تضاد موقعيت عيني و ذهني است، همين تضاد مي‌تواند كاركردهاي متعدد اجتماعي، روان‌شناسي و فلسفي داشته باشد.

حكيم ابوالقاسمي كرماني در «شاخة اول در علامات» با شوخي‌هاي كلام، تقريباً همة آدم‌ها را متكبر و خودنما معرفي مي‌كند، زيرا نشانه‌هايي كه در مشخص ساختن آدم غرتي (متكبر) مي‌دهد نشانه‌هاي همه جور آدمي از لحاظ ظاهري است: «بزرگ‌كله، كوچك‌اندام، چشم‌دريده، فراخ‌چشم، تنگ‌دهان، بلندقامت، كوتاه‌قامت، باريك‌صورت، بزرگ‌صورت! و قس عليهذا.»

حكيم در شاخة دويم و افعال غرتي خوب و بداخلاقي را با همديگر مي‌آورد، زيرا تملق‌گويي به هر حال كار ناپسندي است، پس اگر آدمي از گرسنگي زجر كشد، اما تملق نگويد، باري كردارش پسنديده است، حكيم ابوالقاسمي در اين شاخه و در معرفي افعال غرتي باز دامنة وسيعي از كردارهاي بيشتر انسان‌ها را مشمول خودنمايي مي‌داند، بر اساس همان ايجاد طنز موقعيت كه خوب و بد كردارها را هم‌كاسه مي‌گيرد شايد به اين قصد و جهت كه ظاهر رفتارها چيزي است و انگيزه و باطن رفتارهاي آدمي چه بسا چيزي ديگر باشد:

«منت نبرد، پردهٔ آبرو ندرد. شكمش از بي‌قوتي وق وق كند، گردن‌شق بگيرد تا بميرد!»

اما در شاخهٔ سيم، در بيان حالات، حكيم قاسمي جزئي‌نگر شده و به طور مشخص خوي و خصال آدم خودنما و خودخواه را بيان كرده است و اتفاقاً همين قسمت و بخش در مقايسه با بقيه بخش‌ها، طنزي بالنسبه ضعيف دارد، زيرا بنيان طنز بر تضاد است و ناديده گرفتن تضاد در اين بخش، باعث بيان واقعيت مي‌شود و واقعيتِ طنز؛ توجه كنيد:

«در حوصله‌اش هيچ نگنجد. به اندك چيزي برنجد... خودپسند خودراي... تلخ‌گفتار ترش‌روي.»

اين‌ها طنز نيست بلكه بيان واقعيت حالت‌هاي آدم خودخواه است زيرا تضاد در آن وجود ندارد.

✳✳✳

فرع ششم در نشانه‌هاي كله (سر) آدم غرتي و متكبر است. حكيم قاسمي باز با لحن طنز تقريباً همهٔ آدم‌ها را متكبر معرفي كرده است، زيرا نشانه‌هاي كله (سر) آدم غرتي شامل همهٔ آدم‌ها مي‌شود:

«جابه‌جا شدن، خميازه كشيدن... دستي بكشد فرشي صاف كند، سرفه‌اي كند،... آهي كشد...»

فرع هفتم: در فوايد بي‌عاري

قطعه

هر كه معروف شد به بي‌عاري

گر براي نماز شب خيزد

صبح گويند بي‌پدر مي‌خواست

مال و حالي ركيد[ه] بگريزد

يا به بالين... اي برود

يا مگر خون مسلمي ريزد

خلاصه هر فتنه‌اي كه برمي‌خاست در خانة او مي‌نشست و هر كه را از بامي مي‌انداختند گردن او مي‌شكست.

قطعه

مي نبيني مكاريان كه همي

بار از صبح تا به شام كشند

گر خران دگر خلاف كنند

از خر موشه انتقام كشند

حکایت

روزي با جمعي از بي‌عاران هواي کوهساران کردیم. قران دادیم آجیل گران خریدیم. با دیوان حسین کرد شبستري روي به پنجدري نهادیم. دست هم مي‌گرفتیم، «مات ماتي جان» مي‌خواندیم. غوغاي تلنگ و ولولۀ شلنگ در کلنگ پیچیدن مي‌گرفت. همین که شمع چالۀ ناسوت خاموش و در کارخانه سیه‌پوش شغالان نالان شدند و شوخي «بر همکار بدلعنت» به آسمان بالا رفت.

قطعه

روبهان با نواي زیر و بمي
روي آواز ما گرفتندي
آخر از ما به شیوۀ انصاف
هر یك ایواللهي بگفتندي

شبانگاهان پاي تلخ بیدان شمع و چراغي گذاشتیم و صحبت‌هاي شیرین مي‌داشتیم. یکي برمي‌خاست یکي مي‌نشست. از هر جایي سخني درمي‌پیوست تا آنکه نوکرت هواي کتاب‌خواني کرد.

دیوان [حسین] کرد شبستري را پیش کشیدم. باشکوه همي خواندم تا آنکه به خونریزي مسیح تکمه‌بند تبریزي و بختاور هفده مني خالو خداوردي طراري [مهتر] نسیم عیار و دستبرد حسین کرد رسیدن گرفت. شور شبگردي و صحرانوردي در سرمان افتاد. شمع و چراغ نیم‌سوخته، رخ‌ها برافروخته رو به سواد چوپان محله نهادیم.

مثنوي

یکایك به سر سیرجاني کلاه
به گرد اندرش دستمال سیاه
همه زیر جا[مه] چو پرّ کلاغ
که یك هفته خوابیده در نیل و زاغ

فتيله سبيل و تراشيده ريش
سگي پاچة گوسفندي به نيش
همه نوجوان و يل و غرچماق
به يك دست غداره دستي چماق

نوكرت زمزمه‌كنان پيشاپيش همگنان همي رفت و با خويش مي گفت.

شعر

خوش بود گر همه پيدا به در آيند به جنگ
تا كه از نام شبيخون نبريم اين همه ننگ
شب به بالين زنان ريختن از مردي نيست
كيسه ببريد[ن] و بگريختن از مردي نيست

هنوزم با خويش اين گفتگو بود [كه] از سگان شيرگير هاي و هو در چارسو افتاد. مبارز طلبيدند و بر سرمان ريختند.

قطعه

هرچه داديم نان و ماليديم
روي بر خاك عجز يعني ليس
هيچ از اين حرف‌ها به خرج نرفت
تا جهان پر شد از كُليس كُليس

تا بامدادان دست و پاي يكديگر را مي‌جويديم و جدال مي‌كرديم و به جوال مي‌رفتيم كه ناگاه برزگران از خواب برخاستند و با ما درآويختند. زدند و شكستند و خون ريختند.

رباعي

گر همي مي‌زدند برزگران
نيز ما مي‌زديم از دل و جان
نرخران پشت پيل و چوب و چماق
ما همي آخ آخ [و] آه و فغان

تا نيمروزمان كوفتند و بستند [و] كنده‌مان كردند و ريال سردنده[مان] روفتند.

قطعه

هر يكي مبلغي قران داديم
تا كه ما را يكي قران بگذشت
هر كه او راست پيشه بي‌عاري
بايد از مال و هم ز جان بگذشت

شعر

هر كه بي‌عاري گزيند همچو خر در گل نشيند
اي خنك آن دوربيني كاخر از اول ببيند

قطعه

كدخدا را گرفت و گير اين است
تا چه باشد گرفت و گير خداي
برش اين است نخل بي‌عاري
هم بر اين است حكم هر دو سراي

حكايت

روزي در بازار وكيل مي‌رفتم، جنجالي ديدم. جهت پرسيدم، گفتند: بي‌عاري دوش عرق خورده عربده كرده، ديوانيانش گرفتند و خونش ريختند و به فرقش آويختند. با رفيقي دست هم را گرفتيم و تماشا رفتيم و اين قطعه را به مناسب همي گفتيم.

قطعه

اگر بي‌عاري اين حالت ببيند
نخواهد كرد بي‌عاري دگر بار
ز غرتي در جهان پفيوزتر كيست
خداوندا مگر بي‌عار، بي‌عار

دگر زين دو بتر بي‌عار غرتي است

ز همره بودنش زنهار، زنهار

∗∗∗

بناي طنز در اين حكايت طنز اجتماعي آشكار، طنز موقعيت و طنز عبارت است.

۱. طنز اجتماعي است و از ويژگي‌هاي اين نوع طنز توجه و پرداختن به موضوع‌هاي رايج در جامعه است؛ چه در آن زمان و در طنزهاي حكيم قاسمي و چه در دورة معاصر و در طنزهاي خسرو شاهاني، همين توجه به مسائل و مشكلات رايج در جامعه، طنز اجتماعي را به وجود مي‌آورد. با اين توضيح كه «عار» به معناي «ننگ و عيب» است و «بي‌عار» كسي است كه پرواي نام و ننگ ندارد و باري به هر جهت، روزگار مي‌گذراند.

۲. طنز آشكار است و از ويژگي‌هاي اين نوع طنز است كه تضادها در آن آشكارا جلوه‌گر مي‌شوند و از همين جا مي‌رسيم به اينكه...

۳. طنز موقعيت است، جوان‌هايي كه تحت تأثير مطالعة كتاب حسين كرد شبستري متوهم شده و با بي‌پروايي قصد اظهار دليري دارند، در موقعيتي متضاد با درك و يا پندار ذهني اشتباه خود، در عالم واقع دچار سگ‌ها مي‌شوند و از آن‌ها شكست مي‌خورند:

«هنوزم با خويش اين گفتگو بود كه از سگان شيرگير هاي و هو در چارسو افتاد. مبارز طلبيدند و بر سرمان ريختند.»

طنز موقعيت باز گسترده‌تر مي‌شود و اين جوان‌هاي خودنماي بي‌عار، از دست كشاورزان هم كتك مي‌خورند و هم ناچار مي‌شوند كه مبلغي پول (قران) بپردازند؛ يعني در طنز موقعيت، جوان‌هايي كه قصد شبيخون زدن و اظهار دليري، به سبك حسين كرد و نسيم عيار داشته‌اند،

گرفتار سگ‌ها و بعد برزگران مي‌شوند و تازه، باج هم مي‌دهند و از همين جا مي‌رسيم به لحن طنز در اين حكايت و...

۴. طنز عبارت است كه با توصيف موقعيت و با شوخي‌هاي كلام چنين بيان مي‌شود؛ از باب نمونه:

«هر چه داديم نان و ماليديم
روي بر خاكِ عجز، يعني ليس
هيچ از اين حرف‌ها به خرج نرفت
تا جهان پر شد از كليس كليس!»

شيوة داستان‌پردازي

الف) شخصيت‌پردازي:

حكيم به روان‌كاوي پنهان شخص اصلي داستان مي‌پردازد كه متأثر از ماجراهاي دليرانه، قصد پيروي از آن كردارها را دارد: «ديوان حسين كرد شبستري را پيش كشيدم، باشكوه همي خواندم تا آنكه به خونريزي مسيح تكمه‌بند و... نسيم عيار و دستبرد حسين كرد رسيدن گرفت. شور شبگردي و صحرانوردي در سرمان افتاد...»

ب) فضاسازي:

حكيم در توصيف از نحوة كردارها و ايجاد فضاي داستان‌هاي حماسي موفق بوده است، مثلاً:

«يكايك به سر، سيرجاني كلاه
به گرد اندرش دستمال سياه
همه زير جامه چو پرّ كلاغ
كه يك هفته خوابيده در نيل و زاغ
فتيله سبيل و تراشيده ريش
سگي پاچة گوسفندي به نيش
همه نوجوان و يل و غرچماق

به يك دست غداره، دستي چماق»

از اين نوع نمونه‌ها در حكايت فراوان است.

پ) نحوة روايت:

به شيوة جديد با دخالت آشكار راوي مواجه هستيم، مانند «نوكرت زمزمه‌كنان... همي رفت».

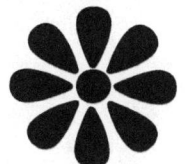

فرع هشتم: در فواید نان خود خوردن

حکایت

حریفي محرمانه صحبت مي‌داشت [که] برادري که تو باشي چندي هواي بلندي به سر داشتم. مردم را وضعي دیگر پنداشتم. از امثال خود مي‌بریدم، از شاخهٔ [خویش] بالا مي‌پریدم، با بزرگان مجالست مي‌کردم. لیس مي‌مالیدم و فیس داشتم.

قطعه

در تملق ز خواجه گفتن، [سگ]
در تکبر به همگنان چو پلنگ
در برون کبر و فیس [و] باد [و] بروق
در درون لیس و عجز و لابه و ننگ

به همین که با بزرگان نشسته باشم دلخوش بودم. زندي مي‌گفتم و با همسران راه نمي‌رفتم. رفته‌رفته از ما رنجیدند و بریدند. روزبه‌روز آن نانجیب بزرگان از نعمت مي‌کاستند و بر منّت مي[افزودند]. في‌المثل

ناهاري [را] ده بار به خرج مي‌آوردند و صد جاي اظهار مي‌كردند. گاهي در عوض هرزه مي‌گفتند و گاهي به ارجاع خدمات از گرده‌مان وامي‌گرفتند. هر شام و ناهاريمان كه مي‌دادند تا اربعيني كه اثر غذا در بدن باقي است بلا پرده نعمت‌پرورده مي‌شمردند.

قطعه

شبانگاهان هم اندر ساعت پنج
وشاقان سفره‌اي مي‌گستريدند
به جاي نان‌خورش انواع سبزي
به گرداگرد سفره مي‌بچيدند
پس آنگه چون يساوولان يكايك
به گرد ميهمان صف مي‌كشيدند
هنوز از ميهمان بسم‌اللهي بود
كه برمي‌داشتند و مي‌دويدند
بدين يك لقمه نان، آقا و نوكر
تو مي‌گفتي كه مهمان را خريدند

عاقبت از بس بار منت برديم و ذلت ديديم عطايشان را به لقايشان بخشيديم كه گفته‌اند: «نه شير شتر نه ديدار عرب».

***

حكايت مذكور بر اساس طنزِ اجتماعي و طنز موقعيت و طنز عبارت است.

طنز اجتماعي است، زيرا به روابط اجتماعي ميان طبقات برتر جامعه، كه در آن دوره «خواجه» ناميده مي‌شدند، با لايه‌ها و يا طبقات پايين‌تر اجتماع مي‌پردازد. طنز موقعيت است، زيرا آدمي جاه‌طلب، برخلاف و حتي متضاد با تصورات ذهني‌اش دچار موقعيتي عذاب‌آور مي‌شود؛ گرچه در ابتدا تصور مي‌كرده است كه با تفاوت موقعيت اجتماعي خويش و نشست و برخاست با بزرگان جامعه، خود نيز در

همان جايگاه قرار مي‌گيرد. و اين طنز موقعيت با لحن طنز و شوخي‌ها و عبارت‌هاي طنزآميز بيان شده است.

از باب نمونه، حكيم قاسمي پس از بيان پاره‌اي مقدمات سرانجام به اين اوج در طنز موقعيت، طنز آشكار و طنز عبارت مي‌رسد كه:

«... به جاي نان‌خورش، انواع سبزي
به گرداگرد سفره مي‌بچيدند
پس آن گه چون يساوولان يكايك
به گرد ميهمان صف مي‌كشيدند
هنوز از ميهمان بسم‌اللهي بود
كه برمي‌داشتند و مي‌دويدند!
بدين يك لقمه نان، آقا و نوكر
تو مي‌گفتي كه مهمان را خريدند!»

در داستان‌پردازي و نحوة پرداخت آن، حكيم قاسمي كرماني هم به روان‌كاوي شخص اصلي داستان توجه كرده است:

«در برون كبر و فيس و باد و بروق
در درون، ليس و عجز و لابه و ننگ
به همين كه با بزرگان نشسته باشم دلخوش بودم.»

و هم به توصيف‌هاي دقيق، جزء به جزء و عيني توجه داشته است.

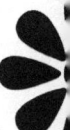

فرع نهم: در ضرر طمع و گول رندان خوردن

حکایت

غریبی به شهری اندر شد. به خانه خرابه‌ای منزل کرد. چندی خود را به بُلیتی زد و ساده‌لوحی به خرج داد تا همسایگانش پی بردند و حقیقت شمردند.

روزی نزد همسایه شد که منّت بر من گذارید و دیگ کوچکی به عاریت دهید فردا بازپس گیرید. دادندش. بعد از چندی دیگچه‌ای به میان دیگ نهاده باز پس داد.

همسایگانش گفتند: ما یکی بیش ندادیم؟

گفت: یقین دیگ شما زاییده، حق خود شماست.

همسایگانش خندان با خویش همی گفتند:

قطعه

دیگ زاییده هیچ کس دیده؟

هم مگر بخت ما بود بیدار

یا مگر آن مکان نظر کرده [است]
یا که این مرد باشد از ابرار

روز دیگر دیگ بزرگي مي‌خواست. دادندش به طمع سابق. گرفت و شتافت و به مصرف فروش رسانید. چون مطالبهٔ دیگ کردند از مادر و فرزند اثري نیافتند.

گفت: واویلا که مرحوم دیگ شما دار فاني را وداع گفته و از میان رفته.

زدندش که دیگ چگونه مي‌میرد؟

گفت: چگونه مي‌زاید؟ نشنیده‌اید که گفته‌اند هر زاینده‌اي میرنده است.

قطعه

مردن زاینده تعجب کني
کیست که زاینده و میرنده نیست
آنکه نمي‌میرد و باقي یکي است
اوست خداي من و تو، بنده نیست

قطعه

زادن دیگ چون بدیدستي
مردنش نیز بایدت دیدن
شادي سور دیده‌اي باید
نالهٔ روز مرگ بشنیدن

❋❋❋

این فرع یا بخش شامل دو حکایت است و هر دو، نمونه‌هاي خیلي خوب از طنز آشکار اجتماعي، طنز موقعیت و طنز عبارت محسوب مي‌شوند.

حکایت اول:

بناي طنز در این حکایت طنز آشکار و طنز موقعیت است.

طنز آشکار است، زیرا تضادهاي آن، آشکارا در تقابل با همدیگر

قرار دارند. ديگي مي‌زايد و ديگي مي‌ميرد! اما موضوع منحصر به همين نيست، بلكه طنز موقعيت گسترده مي‌شود و آدم‌هاي طمعكار را شامل مي‌شود كه وقتي ديگشان به اصطلاح زاييده است، مي‌گويند:

«ديگ زاييده هيچ كس ديده؟
هم مگر بخت ما بود بيدار
يا مگر آن مكان نظر كرده است
يا كه اين مرد باشد از ابرار»

يعني با آنكه واقعيت را مي‌دانند كه ديگ نمي‌زايد اما بهانه‌هايي مي‌تراشند كه شايد از بختِ خوش آنان بوده يا شايد آن مكان نظر كرده است و از اين نوع بهانه‌ها مي‌آورند و باز، خود مي‌دانند كه آن مكان، خرابه‌اي بيش نيست!

طنز عبارت، از باب مثال در اين جواب‌هاست كه: «واويلا كه مرحوم ديگِ شما دار فاني را وداع گفته!» يعني با شيء بي‌جان همان اصطلاحات را به كار مي‌برد كه در مقام آدمي به كار مي‌رود.

تكمله: اين حكايت منسوب و مشهور به لطيفه‌هاي ملانصرالدين است، كه حكيم قاسمي كرماني از آن بهرة فلسفي و حكيمانه برده است:

«مردنِ زاينده تعجب كني
كيست كه زاينده و ميرنده نيست
آنكه نمي‌ميرد و باقي يكي است
اوست خداي من و تو، بنده نيست

فرع دهم: در ضرر طمع و گول رندان خوردن

حکایت

از آنجا که زرنگي مايهٔ جوان‌مرگي است زرنگي را تنگ‌دستي فراگرفت. کنج‌وکاوي کرد پير گاوي يافت، به پسرش داد که بفروشد. برداشت و روي به بازار گذاشت. لوطياني چند که به ظاهر متفرق بودند به باطن متفق تني چند به خريداري گاو پيش آمدند. در بشرهٔ بيچاره سفاهت مشاهده کردند. گفتند بزغاله را چند بخريم؟ پسر برآشفت و گفت:

مثنوي

ايا ديده کوران نادان گروه
بز و گاو خود همچو کاه‌اند و کوه
کسي کو بود اين چنين بي‌تميز
نشايد خريداريش يک پشيز

عاقبت گفتگوشان به کوفت‌وکو رسید. بنا بر تصدیق شد. بقیهٔ لوطیان رسیدند، واقعه پرسیدند. تصدیق همقطاران کردند و گفتند.

قطعه

بز به جز شاخ و موي دم دارد
اینکه هم شاخ و موي دارد و دم
مویش ار ریخته است از پیري است
ورنه چون بز بود شکافته سم

مختصراً چندان گفتند و شنیدند تا عاقبت گاو را به قیمت بز خریدند. بیچاره وجه را برد تحویل پدر کرد و کیفیت نقل. پدر هوشش از سر به در رفت. سر به زیر انداخت [و] حریفان را شناخت و همي گفت:

قطعه

گاو اگر بز شود عجب نبود
کادمي خر شود ز بي‌پولي
گرچه قصابیان از این بهتر
نفروشند گاو شاغولي

بدین گفتگوها دل خود را خوش مي‌کرد و آتش خشم را فرومي‌نشاند ولي دیگ سینه‌اش از آتش کینه مي‌جوشید [و] درصدد تلافي مي‌کوشید. تا چندي خشک‌بندي کرد و اشرفي چند به چنگ آورد.

روزي که لوطیان به صحرایي جمع بودند پیر خري داشت برداشت رو به صحرا گذاشت. اشرفي‌ها را نیز به ما تحت پیر خر جاي داد که به جاي سرگین اشرفي به زمین انداختي. لوطیان گردش درآمدند، کیفیت مشاهده کردند. هواي خرشان به سر افتاد. پاي خریداري پیش نهادند.

شعر

نعم‌الحمار ولکن رزق صاحبه
یأتیه من بین فرث سآء مخرجه

فرد

اگرچه مالك اين خر فراخ‌روزي شد

ولي به جان عزيزان حواله‌گاه بدي است

بيچاره فرياد برآورد كه از بازار تيزي به ريشت قسم چيزي حاصل نيست. همانا فروشنده همچو خري خرتر از آن است.

[شعر]

لوكان هذا حماراً كان بايعه

اخرّ حتماً و لو في الف دينار

نظم

نه شايسته است [خر] گفتن بدين خر

خر آن باشد كه بفروشد چنين خر

با اين همه گفتگو چندان اصرار كردند تا خر را به پنجاه اشرفي از چنگ بيچاره بيرون آوردند و در ضمن خارج عقد لازم شرط كردند كه اگر در هفته‌اي يك روز به جاي سرگين اشرفي نيندازد فسخ معامله حاصل شود.

خرفروش نيز شرايطي و دستورالعمل‌ها داده من جمله [گفت] بايد يك هفته الاغ معهود را از طويله بيرون نكنند، مقداري كاه و جو آنجا مهيا باشد و نيز بايد طويله هيچ منفذ نداشته باشد.

باري لوطيان معالاغ تشريف بردند. به دستورالعمل رفتار كرده بعد از هفته‌اي ديوار طويله را شكافتند، الاغ را مرده يافتند. سراسيمه به دنبال خرفروش شتافتند. گرفتند و بستند و خستند[ش].

قطعه

مشت مي‌كوفتند بر فرقش

سخت كاي چاپي خدانشناس

سركه كرده به توبرة چوپان

هم كه با صاحب پلاس پلاس

بيچاره استغاثه‌كنان كه شايد طويله را سوراخي بوده. رفتند و يافتند. خرفروش خروش برآورد كه قدر خر را نشناختيد و از دهن مخلص انداختيد و كار خود را ساختيد. لوطيان نمي‌پذيرفتند كه بهانه است و تمهيد مرشدانه.

مثنوي

يكي خويش را خواند از اوليا
هم اندر عمل صاحب كيميا

به گرد اندرش ابلهان حلقه‌وار
به فرمان او چون كندشان نثار

يكي درد دارد كه دردش دوا
شود، يا فلان حاجت آيد روا

يكي ديگر از شيخ دستور خواست
كه دستور او در عمل كيمياست

ولي چون عمل كردي از حد به در
ز دستور دادش نبيني اثر

به پيش اندرش چون شكايت بري
بجنباندت مرشدانه سري

كه شايد فلان جا فلان كرده‌اي
از اين رو به مقصد نه پي برده‌اي

اگر راست خواهي، جهان سر به سر
بود دنگ و دولاب و چاپ اي پسر

عاقبت از خلافش درگذشتند و واگذاشتندش. رندانه همي رفت و گفت.

مثنوي

دو هزار شكر گويم كه نريخت آبرويم
نه همي تر آمدم پا چو گذر شدي ز جويم

اگرم چو شد تلافي كه زيان ز گاو بردم
به همين قدر وليكن به حق اكتفا نكردم

شب و روز در اين خيال که ديگر چه گول زنم و چه شاغول بگيرم. تا روزي يك جفت خرگوش يك‌رنگ به چنگ آورد. يكي را به عيالش سپرد که امشب تدارك چندين مهمان مي‌گيري. اطاقي مزّين، شمع و چراغي روشن، خرگوش در اطاق بسته. چون شبانه با مهمان وارد شديم از تو مي‌پرسم تو را چه خبر بود که تهيه ديده‌اي؟ مي‌گويي همين خرگوش که حاضر است خبر کرد. اين بگفت و بيرون رفت با يکي از خرگوشان.

قضا را لوطيان معهود در باغي شمع و چراغي داشتند. سراغ باغ کرد، داخل حوزه شد و روضه همي خواند. هنگام غروب که غبار بي‌عاري فرونشست بانگ رحيل برخاست. لوطيان را دعوت همي کرد که مستدعي است شبانه کلبهٔ احزان را رشك جنان سازيد.

ايشان عذرخواه که اولاً هنوزمان داغ خر بر دل است و پايمان در گل. ثانياً وقت تنگ است و اعمال بسيار. ميهماني را تدارکي مي‌بايد، اخباري مي‌خواهد. [خبر نکرده] خفت ميهمان و خجلت ميزبان است.

گفت پيك تيزتکي دارم مي‌فرستم اخبار مي‌کند. خرگوش را ابراز داد.

شعر

ارنب عينه مکحلة
کان في جيده سلسلة

سر به گوش خرگوش نهاده نجوايي کرده رهايش داد.

قطعه

چون رها گشت بي‌زبان حيوان
سر گرفت آهوانه اندر دشت
تيزتك رفت همچو عمر عزيز
که دگر باز برنخواهد گشت

لوطيان متحير که چگونه خرگوش سخن گوش کند و راه خانه فراموش

نکند. افسانهٔ خر فراموش [کرده] به صد دل شيفتهٔ خرگوش شدند.

مثنوي

به سوراخ موش ار رود پاي خر
نخواهد همي رفت بار دگر
طمع خامِ نادان گر افتد به بند
دو صد بارَ يك بار نگرفت پند

چه کار داري! و [بالاخره] مهمان و ميزبان سوي خانه همي رفتند و رسيدند و منزلي آراسته ديدند. ميزبان از اهل خانه همي پرسيد از کجا دانستيد که تدارك ميهمان گرفتيد؟

گفتند همين خرگوشي که گوشهٔ اطاق خوابيده يك ساعت قبل سراسيمه وارد شد ما را آگاهي داد. لوطيان نيك نظر کرده همان خرگوش سفيد را ديدند. فريفته شده دست به دامن ميزبان که چنين خرگوشي سزاوار لوطيان است. به هزار زحمت بيچاره راضي شد. تا آنکه قران دادند و گران خريدند.

قطعه

پاي از [آن] خانه چو برداشتند
خنده‌کنان دست‌زنان از شعف
کز کف بيچاره به ده اشرفي
رفت برون، آمده ما را به کف
بايد ازين واقعه بگريختن
ورنه پشيمان شود از ما سلف
دبّه همي آرد و خرگوش را
باز ستاند، چه کنيم از اسف؟

قطعه

آنکه کردست سود [و] آنکه زيان
هر يك از کار خويش راضي شد

برهمي گشت لاجرم خوشحال
هر كه تنها به سوي قاضي شد

لوطيان به گماني كه مبادا فروشنده برگردد دبّه كند فرار كرده، خرگوش‌فروش نيز گريخته به قريه‌اي پناه برده. لوطيان رفتند وارد بلوكي شدند و سلوكي مي‌كردند.

روزي ضابط آن سامان محض شكار راه بيابان پيش گرفت. لوطيان تا دو فرسنگي همه رفتند. آنجا از خان والاشان استدعا كردند چه شود امشب كلبهٔ احزان را رشك باغ جنان فرماييد؟ ايشان قبول نمي‌فرمودند كه اولاً تا منزل شما دو فرسنگ مسافت دارد و اخبار نكرده مشكل است. ثانياً «ان الملوك اذا دخلوا قرية افسدوها».

لوطيان گفتند ما را پيك تيزتكي است به وقت تنگي فرسنگي طي كند. اين بگفتند و سر به گوش [خرگوش نجوايي] كردند و رهايش دادند. ضابط چگونگي پرسيد. عرض كردند اين حيوان زبان آدميان مي‌داند. رسالت مي‌كند.

خان نادان باوركنان عنان مراجعت به ميدان مسارعت رها كرد. لوطيان آسوده به ركاب مي‌دويدند و انتظار منزل مي‌كشيدند و مي‌گفتند.

قطعه

در خانهٔ ما برنج و روغن
چون ريگ روان و همچو آب است
خرگوش رسيده است و اخبار
كرده است و كنون گه كباب است
چون روز، شب از چراغ روش
در منزل [ما] صد آفتاب است

چون پاسي از شب گذشت سواد خانهٔ لوطيان نمودار [شد]. پيش دويدند خانه را تاريك ديدند. هر چه در كوفتند و برآشوفتند جز در

و ديوار كسي را بيدار نيافتند. ضابط را خشم فراگرفته به منزل رفته بامدادان لوطيان را سياست كامل كرده اخراج بلد نمود.

فرد

ديوانه‌وار سر به بيابان گذاشتند

خيت و يخه شيت قريه به قريه همي رفتند و سراغ خرگوش‌فروش مي‌گرفتند.

قطعه

ذليل و كلاخورده و نوحه‌خوان

كه بر ما چه از دست خرگوش رفت

زديم از خري بي‌گداره به آب

گذشت از كمر سيل و تا دوش رفت

دو منزل يكي همي رفتند تا به دهكده‌اي رسيدند و چندي آرميدند. قضا را روزي به كوچه‌اي عبور مي‌كردند، با بايع مزبور به هم رسيدند [و] بر سرش ريختند.

مثنوي

گرفته يكي دامنش را به چنگ

كه اي معدن چاپ و دولاب و دنگ

يكي مشت مي‌كوفتش بر به فرق

يكي بر بناگوش هي درق درق

به زورش يكي موي ريش و سبيل

بكندي كه من بعد لوطي ذليل

به حيلت اگر درس شيطان دهي

كه از چنگمان باز نتوان رهي

قطعه

مشت گفتي كه پتك حدادي است

سر بيچاره نيز سندان است

يا مگر آنكه بار شلتوك است
زير دنگ برنج‌كوبان است

عاقبت بيچاره خسته، سر و دست و پا شكسته التماس خلاصي كرد و مهلتانه آش خميري و نان پنيري قرار دادند كه من بعد بدون رجوع به قاضي از هم راضي شوند.

چون خلاصي يافته به منزل شتافته شبانه به فكر فرورفته كه ديگر چه حيله‌اي به كار برم، اگرچه ثمر تلافي چيده و به حق خود رسيده‌ام ولي تا جان دارم دست برندارم كه من بعد به مرشدان خطايي نرود.

بامدادان شكنبهٔ گوسپندي به منزل برده اندرونش را پر از آب بقم كرده و محكم دوخته، روي شكم زنش بسته و تعليمش كرده كه بعد از صرف آش، اخبار ناهار مي‌كنم. دشنام‌گويان وارد ميهمانخانه مي‌شوي. مي‌لافم و شكنبه را به تيغ مي‌شكافم. فريادي مي‌زني و خود را مي‌افكني. من بعد ني بر دهانت گذارده باد مي‌كنم، از جاي برمي‌خيزي.

قرار كار دادند و تدارك ميهمان گرفتند. لوطيان نيز رسيدند. قلياني كشيدند. آنگاه تغار آش، قطار شد.

نظم

بس كه آن آش بود پُرآجيل
مي‌نمودند يك به يك پاتيل

آشي خوردند و سبيلي مكيدند و سفره برچيدند. ميزبان اخبار ناهار كرده زن آغاز بدگويي كرده دشنام‌گويان بي‌حجاب وارد مهمانخانه شده، شوي را آتش خشم بالا گرفته، كارد را كشيد و شكمش را دريد. فريادي برآورد و افتاد. رود[ه]ها با آب بقم‌ها به زمين ريخت. لوطيان از بيم، اشك بر گلگونه‌ها همي راندند و اين قطعه را خواندند.

قطعه

تاكنون آنچه رفت شوخي بود
لكن اين دفعه اين عمل جدي است

سير هر بار اختياري بود
شب‌گريزي كنون ز لابدي است

چراكه به حكومت روزنامه شود، من باب بدنامي ما بيچارگان سياست خواهيم شد.

بيت

درگذشتيم از خر و خرگوش
چون نرفته به باد چون خر، گوش

ميزبان خنديد، نگه كرد و اين قطعه را گفت:

قطعه

كسي را سزد از كسي جان گرفت
كه هم باز بتواندش جان [دهد]
به مرده كسي جان دهد مشكل است
اگرچه ولي مرشد آسان [دهد]

پيرزني كه در جزيرهٔ واق واق است و در جادويي طاق نيي افسون خوانده به من داده است كه هر گاه بر دهان مردهٔ تازه گذشته [بگذارم] و بدمم زنده شود. لوطيان احمقانه همي باور كردند.

قطعه

ابلهان گول جادوان بخورند
كه همي مرده زنده كردندي
اگر اين راست است اي احمق
پس چرا جادوان بمردندي

برخاست [و] ني بر دهان مرده نهاده دميدن گرفت. [و مرده] اندك‌اندك جنبيدن گرفت. تا آنكه از جاي برخاسته لوطيان حيرت برده چندي سكوت كرده و مبهوت شده. بعد از آن سر به خاك نياز ماليده و به درگاه مرشد ناليده كه از غبن معاملات سابقه درگذشتيم و طومار دبّه را درنوشتيم، به شرط آنكه اين ني را ببخشايي و آنچه بخواهي بستاني.

مرشدانه مي‌خنديد و سري مي‌جنبانيد كه فروش جان‌بخش نشايد و [به] بها درنيايد.

شعر

ني نيست مگر عصاي موسي است
ني ني دم او دم مسيحا است

عاقبت بس كه اصرار كردند بيچاره را دل بسوخت و به ده اشرفيش بفروخت. بدان شرط كه هر چه سود برند تا زنده‌اند با مرشد تقسيم كنند. پاي مرشد را بوسيدند و ني را برداشته رفتند. مرشد نيز شبانه فرار كرده لوطيان چندي ماندند. مرده‌اي نيافتند.

ناچار رو به سواد اعظم نهادند. رفتند و رسيدند و غوغاي عظيمي ديدند. واقعه پرسيدند. شنيدند كه شاهزاده‌اي مرده. فرياد برآوردند كه مبادا به خاكش بسپارند كه ما زنده‌اش مي‌سازيم. ابلهان جمع شدند و باور كردند. گماشتگان سلطان تابوت مرده را به ايشان سپردند و التزام گرفتند. ابلهانه كفن را شكافتند. ني بر دهان مردهٔ بيچاره نهادند. چندان كه دميدند اثري نديدند.

قطعه

گرم بودند اگرچه در اول
آخر از شرم و كلّه‌گي چون يخ
آن يكي گفت شايد اين عيسي است
وان دگر آمدي بگفتي بخ!

مختصراً پادشاه فرمود ايشان را گوش بريدند و اخراج بلد كردند. ذليل‌وار سر به بيابان نهادند.

شعر

رخ ز تاب آفتاب افروخته
پاي‌كوبان چون سگ پاسوخته

همي رفتند و مي‌گفتند:

نظم

پدر طمع بسوزد كه چه آتشي فروزد

هوس و هوي ور افتد كه دو ديدگان بدوزد

چندي گدايي مي‌كردند و به رسوايي به سر مي‌بردند. تا آنكه وقتي به شهري سراغش كردند و به دنبالش رفتند.

ني‌فروش از ورود لوطيان آگاهي يافته ريش و سبيلي بافته كه در دالان خانه زيرزميني بسازد، سقفش را صورت قبري بسازد. سوراخي بگذارد، ماشوله‌اي به كار برد، داغي بسازد كه همين كه جايي را داغ كند نام صاحبش خوانده شود. چنان كرد و به زيرزمين فرورفت. آتش فراهم داشت، داغي گذاشت. به زن خود سپرد كه چون لوطيان درب خانه آمدند فرياد برآور كه دوش شوهرم مرده، به دالان خانه به خاكش سپرده‌ايم. در اين گفتگو بودند كه لوطيان در را كوفتند.

قطعه

هم‌آواز با نعرة نرخري

كه اي بي‌پدر روزت آمد به سر

اگر مر تو را صد هزار است جان

نخواهي بري زان يكي را به در

در را گشودند، صورت قبري تازه ديدند. مرده را مخاطب ساخته با نوحه و زاري همي گفتند.

مثنوي

اي بي‌پدر تو حالت مردن نداشتي

گويا چماق طاقت خوردن نداشتي

ورنه به مكر با ملك‌الموت ساختي

شايد ز بيم سطوت ما زهره باختي

افسوس که به خاك خفتي و به درك رفتي والّا مي‌برديم و زنده به گورت مي‌سپرديم. اگرچه دور نيست که زنده شوي و ما را به بلايي بار ديگر گرفتار کني. تو که افسون مي‌خواندي و مرده زنده مي‌کردي چه شد که حيلتي به کار نبري! اگرچه گفته‌اند «کل اگر طبيب بودي، سر خود دوا نمودي». کاش کتکي خورده بودي و مرده بودي، يا گردنت [از] ميان شکستي و سوز دل ما نشستي.

من بعد نوحه و زاري سردار لوطيان امر کرد که يکايك بر گور آن غير مرحوم بنشينند [و] دلي خنك و سري سبك کنند. مرده آن گفتگوها را شنيد، داغي را آماده کرد که هر گاه بنشينند از ماشوله به در کند و داغ فرمايد. يکايك مي‌نشستند و سوزشي مي‌ديدند و به ديگري از رذالت اظهار نمي‌کردند. تا عمل را به انجام رسانيدند و رفتند. بعد از چندي باز در کوچه به هم برخوردند. حيرت کردند و لب به دندان گزيدند و گفتند.

قطعه

بس که ناپاك و حيله‌ور بودي
چون برفتي به عالم برزخ
مردگانت به جور راندندي
آب رفتي و بربگشتي يخ

گفت بلي آمدم که آتشي برافروزم و پدر شما را بسوزم. اين بگفت و به هم آويختند. چندان دست و پاي هم را جويدند تا کار به ديوانخانه کشيد. لوطيان فرياد برآوردند که هزار تومان ما را بدهکار است و يك دينار ندارد و کلاه حاشا بالا گذارده.

جواب داد اينان زرخريدان مخلص‌اند و مفلس‌اند. چندي پيش مالم را دزديدند و گريختند. بعد از چندي گرفتار آمدند و ادعاي آزادي کردند. داغي ساختم و ايشان را به غلامي داغ کردم. اينك معلوم مي‌شود.

حاكم امر كرد كه ايشان را برهنه كردند و كيفيت را مشاهده. حكم صادر شد كه سر از اطاعت آقا نپيچند [و گفتگو درپيچند]. استدعا كرد كه حكومت ايشان را خريداري كند.

لوطيان مضطربانه سر به گوش آقا نهاده كه هر يك ده تومان بندگي مي‌كنيم. ما را از فروش و بندگي معاف فرماييد. به هزار منّت قبول كرده مرخص شدند. لوطيان ناچار دنگ و دوله و قرض و قوله كردند و خود را خريدند.

من بعد آقا فرمود يك بار برديد و چندين بار باختيد، آيا مرا شناختيد؟ من همانم كه گاوم را به قيمت بز خريديد و روزيم را بريديد. شرمسار و خاكسار شدند و شانة مرشد را بوسه دادند.

قطعه

شال‌بافان شهر مي‌دانيد

كه ز يك من دو من فزونستي

كفة اين اگر ز جا جنبيد

وان دگر كفه را سكونستي

مرد بايد كه دشمني نكند

با كسي كز حدش برونستي

[رندي و زيركي به خرج مده

كاخر از ابلهي زبونستي

تا تواني به كس زيان مرسان

كاخر اندر زيان درونستي]

روزي ار كرده‌اي دلي را خون

عاقبت غرق بحر خونستي

❊❊❊

حكيم قاسمي كرماني از افسانه‌هاي رايج در فرهنگ مردم بهره‌مند شده و بر اساس آن‌ها حكايت (يا داستاني) نوشته كه نمونة درخشاني

از طنز آشكار اجتماعي، طنز موقعيت و طنز عبارت است:

۱. طنز آشكار است، زيرا آشكارا تضاد است ميان زيركي و رندي شخص اول اين حكايت با بلاهتِ بي‌حد لوطي‌ها.

۲. طنز اجتماعي است، زيرا در جوامع نابسامان و پريشان و فاقد قانون زورگويي رواج داشته و داد خود ستاندن به اجبار و ناچار با زيركي و هوشياري همراه بوده است.

۳. طنز موقعيت است، زيرا در چندين موقعيت يا در چندين گرهگاه داستاني لوطي‌هايي كه به خود مي‌بالند و به زرنگي و رندي خويش افتخار مي‌كنند، هر بار در آن گرهگاه‌هاي داستاني فريب مي‌خورند! به عبارتي تضاد است ميان پندار لوطي‌ها از شخصيت خودشان با آنچه واقعاً هستند. آن‌ها در پندارْ خود را زيرك مي‌دانند اما در عالم عيني و واقعيت ابله هستند و چنين است كه طنز موقعيت چندين بار تكرار مي‌شود.

۴. بيان آن همه موقعيت‌هاي طنز باعث ايجاد طنز عبارت و كلام نيز شده است، از باب مثال به نمونه‌هايي اشاره مي‌شود:

«اگرچه مالك اين خر فراخ‌روزي شد
ولي به جان عزيزان، حواله‌گاه بدي است»

يا در ادامه:

«نه شايسته است خر گفتن بدين خر
خر آن باشد كه بفروشد چنين خر!»

يا:

«يكايك مي‌نشستند و سوزشي مي‌ديدند و به ديگري از رذالت اظهار نمي‌كردند. تا عمل را به انجام رسانيدند و رفتند.

... بس كه ناپاك و حيله‌ور بودي
چون برفتي به عالم برزخ

مردگانت به جور راندندي
آب رفتي و بربگشتي يخ!»

يا:

«پيرزني که در جزيرة واق‌واق است.»

اما مهم‌ترين نکته شيوه‌هاي داستاني است که حکيم، ماهرانه، به کار برده است:

الف) شخصيت‌پردازي:

۱. شخصيت‌پردازي لوطي‌ها؛ آن‌ها بسيار ابله‌اند که هر بار فريب نيرنگ‌هاي شخص اصلي داستان (يا حکايت) را مي‌خورند.

۲. در عين حال متوهّم‌اند و خود را زيرك و زرنگ مي‌دانند و اگرچه هر بار فريب مي‌خورند، در ابتدا خود را پيروز مي‌پندارند:

«پاي از آن خانه چو برداشتند
خنده‌کنان، دست‌زنان از شعف
کز کف بيچاره به ده اشرفي
رفت برون، آمده ما را به کف!»

۳. شخصيتي چاکرمنش دارند: «روزي ضابط... محض شکار راه بيابان پيش گرفت. لوطيان... از خانِ والاشان استدعا کردند... لوطيان آسوده به رکاب مي‌دويدند...»

۴. اما در همان حال زورگو هستند و چند بار شخص اصلي را کتك مي‌زنند و...

۵. لوطي‌ها حقه‌باز هستند که گاو را به جاي بز وانمود مي‌کنند و مي‌خرند.

۶. رذل هستند که: «به ديگري از رذالت اظهار نمي‌کردند.»

ب) شخصيت‌پردازي شخص يا قهرمان حکايت:

او آدمي است بسيار هوشمند و در عين حال پي‌گير که ماجراها را تا آخر ادامه مي‌دهد.

پ) شخصيت‌هاي فرعي نيز داريم، مانند همسر و فرزند شخص اصلي داستان (حكايت) يا ضابط و امثال او كه فقط در پيشبرد ماجراها مؤثرند.

ت) ايجاد تعليق: هر بار و پس از هر ماجرا، اين تعليق داستاني ايجاد مي‌شود كه بعد آن لوطي‌هاي زورگو چه بر سر قهرمان حكايت خواهند آورد؟

ث) توصيف‌هاي در خدمت فضاسازي: حكيم، با توصيف‌هاي عيني و جزء به جزء، داستاني واقع‌گرا (رئال) ارائه مي‌دهد كه باورپذير مي‌شود. از باب مثال به اين بخش از داستان (حكايت) دقت كنيد كه فقط نمونه‌اي از ميان نمونه‌هاي متعدد در سراسر حكايت است: «آشي خوردند و سبيلي مكيدند و سفره برچيدند. ميزبان اخبار ناهار كرده، زن آغاز بدگويي كرده، دشنام‌گويان، بي‌حجاب وارد مهمانخانه شده، شوي را آتش خشم بالا گرفته، كارد را كشيد و شكمش را دريد. زن فريادي برآورد و افتاد. روده‌ها با آب بقم‌ها به زمين ريخت. لوطيان از بيم اشك راندند... كه... من باب بدنامي ما بيچارگان سياست خواهيم شد.»

ج) حكيم قاسمي كرماني مانند هر نويسندۀ قدرتمند واقع‌گرا روان‌كاوي اشخاص داستان را در موقعيت‌هاي مختلف به طرزي متفاوت بيان مي‌كند. هر گاه آن‌ها احساس پيروزي مي‌كنند دچار شعف مي‌شوند و كردارهايي مطابق با آن احساس دارند و در موقعيت متفاوت، رفتارها نيز (بر مبناي روان‌كاري پنهان يا آشكار آن‌ها) متفاوت است.

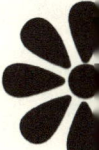

فرع یازدهم: در مقامات دوستی

حکایت

رفیقی که تو باشی تنی چند به محبت پیوستیم و عقد اخوت بستیم. راه خراسان پیش گرفته می‌رفتیم.

قطعه

چه خوش است با رفیقان سفر دراز کردن

به زیارت عزیزان سر و پا برهنه رفتن

به کمال تندرستی به هزار شوق و مستی

در باردی گشودن، سخن چرند گفتن

قطعه

خوش‌تر از این نیست به گیتی دگر

گرچه به گیتی به یقین نیست خوش

همسفران جمله سوار خران

گاه یکی هون و یکی گاه هُش

گاهی پیاده می‌رفتیم و جنگ و گریز می‌کردیم و کشتی می‌گرفتیم، افتان و خیزان، خنده‌زنان و باردی‌کنان.

قطعه

آن يکي دمّ خر گرفته به دست
که به ريش فلان همي ماند
وان دگر گويدش که زور مگوي
خر بيچاره را که رنجاند

قطعه

يکي ريش يکي پيچيد بر دست
که حيف اين ريش خالي گاه دارد
يکي مي‌گفتش از بس زور دادند
زمين شوره سنبل برنيارد

شبانگاهان منزل مي‌رسيديم و بي‌عاري مي‌کرديم و پفتال مي‌خورديم. بامدادان خرجين‌ها[ي] گاز کو بر خران، آواز هي‌هي و هون و هون به فلك ميناگون.

قطعه

به پا گيوهٔ تنگ کم‌پاشنه
که بيش از دو انگشت پهناش نه
برانداخته تا کمر هر دو گوش
بهادرصفت، لنگ‌ها گرد گوش
بپيچيده بر ساق پا هر دوان
ز زنگار و پاتابه تا زانوان
چماقان همه کله چون سم گاو
سراپا فرورفته در دم گاو
چماق ار يکي کوفتي بر خري
خر اندر زمان خوردي اسکندري
بديدند برق چماق ار بلوچ
ز لوت خراسان بکردند کوچ

منزل به منزل مي‌رفتيم و پفتال مي‌خورديم. گاهي مي‌روفتيم و مي‌ركيديم. روستاييان بداصلي مي‌كردند و رذلي مي‌ديدند.

قطعه

نوكرت در دهي شبانگاهان

رفت بهر خريد كاه و جو

آنچه گفتم كسي جواب نداد

جز خروس و خر و بز و سگ و گو

آخر آمد يكي كه خالو، هي

كيستي كامدي در اين دل شو

بچگانمان شدند زهره‌ترق

مادران را حرام كردي خو

خين اگر از گليت سر بكند

ندهيمت اگر بخواهي او

خشمانه برگشتم و همگنان را خبر كردم. شبانگاهان ابروان ترش كرديم و به كاهدان يُرش آورديم.

قطعه

دهنان بسته يك به يك بالنگ

هر يكي يك چماق بر سر دوش

كاهدان رفته سر به سر تاراج

ليكن آهسته بي‌صدا و خموش

تخم مرغان كشيده از سوراخ

كرده مملو كلاه و كيسه و گوش

بازگشتيم و در سحرگاهان

بار كرديم يا علي سرخوش

دو منزل يكي مي‌رفتيم و به روستاييان هرزه مي‌گفتيم، بي‌هراس و غافل از قصاص.

قطعه

چند كني جور و ستم بي‌هراس

هر زدني راست عوض خوردني

مرد ستمكار به گيتي مباد

گرچه ستمكار يكي مرد ني

چون به «چهل‌پايه» رسيديم هنوزمان پشت از كوله‌پشتي گران بود و خرجين‌ها بر خران كه از فراز تلي بلوچان دوله كردند و به جانب ما لوله شدند. رفيقان دل‌باخته سر از پا نشناخته نوكرت را گذاشتند و گذشتند.

قطعه

گرگ چو افتاد ميان رمه

بچه فراموش كند گوسپند

دوستي بيهده با كس مكن

دوست نبيني چو درافتي به بند

آن كه تو را محض تو خواهد خداست

بنده نخواهد مگرش سودمند

سيل خطر چون بگذشت از كمر

بر سر پوران پدران پا نهند

خلاصه بنده گريز را مردي نديدم، آهنگ ستيز كردم.

[مثنوي]

به دنبال رفتم همي همچو قوچ

برآوردم آواز هل من بلوچ

چو شير ژيان حمله كردم سپس

من و يك چماق و دگر هيچ كس

گر از سنگ بودي دل غرچماق

بدريد و بشكافت برق چماق

برآوردم از پاي چندان بلوچ
که از لوت يکباره کردند کوچ

سر و پا شکسته را لخت کردم و اسبابشان بردم. من بعد روي به جانب دوستان کردم و گفتم.

قطعه

هر که دعوي دوستي بکند
بايدش بود تا دم مردن
دوستي را که سود از او نبري
چه تفاوت ز دشمني کردن

❋❋❋

اين حکايت (يا داستان)، يکي از نمونه‌هاي بسيار خوب طنز اجتماعي و طنز آشکار و طنز موقعيت و طنز عبارت است و در همان حال نشان‌دهندهٔ قدرت حکيم قاسمي کرماني در داستان‌پردازي است.

الف) طنز اجتماعي است و توضيح داده‌ايم که ويژگي طنز اجتماعي پرداختن و توجه به مسائل و روابط اجتماعي است و بي‌ترديد، دوستي نيز يکي از مهم‌ترين روابط اجتماعي محسوب مي‌شود.

ب) طنز موقعيت است زيرا دوستانِ راوي که به هنگام شادي و تاراجگري و امثالهم با او همراه هستند به هنگام خطر و در تضاد با دوستي او را تنها مي‌گذارند و مي‌گريزند و همين تضاد باعث ايجاد...

پ) طنزِ آشکارشده است. زيرا تضادي آشکار است ميان ادعاي رفاقت با کردار و عمل دوستانه.

ت) طنز عبارت نيز در بخش‌هايي از داستان اوج مي‌گيرد، مثلاً در گفته‌هاي آن دهاتي با اوجِ طنزِ عبارت مواجه مي‌شويم اما...

شيوه‌هاي داستان‌پردازي

شيوه‌هاي داستان‌پردازي مهم‌ترين نكته در اين حكايت است:

الف) شخصيت‌پردازي: حكيمْ شخص اصلي و اشخاص فرعي داستان را مانند داستان‌نويسي جديد با كردارهايشان معرفي كرده است. اين گروه از جوان‌ها، آدم‌هايي هستند بي‌عار و خوش‌گذران و در همان حال مايه‌هايي از شرارت نيز دارند:

«روستاييان بداصلي مي‌كردند و رذلي مي‌ديدند...
كاهدان رفته سر به سر تاراج
ليكن آهسته، بي‌صدا و خموش
تخم مرغان كشيده از سوراخ
كرده مملو كلاه و كيسه و گوش»

اما همين اشخاص كه دليرانه به كاهدان دهاتي‌ها مي‌زنند به محض ديدار بلوچ‌ها، بزدلانه مي‌گريزند!

«... هنوزمان پشت از كوله‌پشتي گران بود... كه از فراز تلي، بلوچان دوله كردند و به جانب ما لوله شدند. رفيقانِ دل‌باخته سر از پا نشناخته، نوكرت را گذاشتند و گذشتند!»

شخصيت روستايي‌ها نيز، همچنان كه حكيم مي‌گويد، در اين داستان بر «بداصلي» است. نمايندهٔ آن‌ها با بي‌رحمي مي‌گويد:

«خين اگر از گليت سر بكند
ندهيمت اگر بخواهي او»

ب) لحن روايت: حكيم قاسمي كرماني، با استادي و متناسب با مضمون داستان، لحن‌هاي متفاوتي را به كار برده است. روستايي اين داستان، مانند داستان‌نويسي جديد واقع‌گرا، لهجهٔ خاص خود را دارد و چنين دقت و توجهي، كه خاص داستان‌نويسي جديد است، نشان‌دهندهٔ نبوغِ طنزپردازي و داستان‌نويسي حكيم كرماني است.

و يا باز متناسب با جنگ و جدال، حکيم لحن حماسي به کار مي‌برد:

«چو شير ژيان حمله کردم سپس
من و يك چماق و دگر هيچ‌کس
گر از سنگ بودي دلِ غرچماق
بدريد و بشکافت برق چماق
برآوردم از پاي چندان بلوچ
که از لوت يکباره کردند کوچ»

تکمله: اين داستان از روان‌کاوي اشخاص، سرانجام، به بيان ديدگاهي عرفاني مي‌رسد:

«دوستي بيهده با کس مکن
دوست نبيني چو درافتي به بند
آن که تو را محض تو خواهد خداست
بنده نخواهد مگرش سودمند»

در پند و حکمت

حکيم قاسمي، مانند عبيد زاکاني، پندياتي دارد که خلاف‌آمد عادت است. او، با طنز عبارت، پندهايي مي‌دهد که نشان‌دهندهٔ بي‌اخلاقي رايج در زمانه‌اش است. در اين بخش آن پنديات طنزآميز از حکيم را مطالعه مي‌کنيد که از ويژگي‌هاي آن عبارت است از: ۱. بيان تلخ اخلاق ناپسند اما رايج در دورهٔ او ۲. لحن طنزِ اين پنديات.

۱. مردماني که زيرك و رندند
همه جا خويش را کنار کشند
بار بر دوش ديگر اندازند
نه چو خر، ابلهانه بار کشند

۲. آفتِ جان چون به زرنگي درست
تنبلي و راحتِ جان خوشترست

۳. چه خوش گفت آن لولي بي‌کتاب
که هست اين قدر کار دنيا خراب
که هر بي‌سر و پا و بي‌ننگ و درد
که چوبي دو، بر گردِ خود جمع کرد
به خود مي‌ببندد که لوليستم!
دگر مي‌نگويد که من کيستم
۴. آن يکي گفت هر که ماست خورد
خر شود، بايدش شدن سوي کُت
وان دگر گفت خورده‌ام، نشدم
گفت مي‌خواستي برآري پُت؟
۵. اگر هزار هنر پيشه داري و لاتي
مگوي هيچ برادر، که جزو امواتي
۶. نرگدا را ز دست نان گيرند
عوض آن که مايه‌تيله دهند
در قطار ار خري رود سرِ دست
نرخران دگرش تيله دهند
۷. هر چه هستي مباش بي‌عرضه
پند من بشنو اي دبنگ خرفت!
نشنيدي که عاقلان گويند
که اگر شُل زدي، بخوردي سفت
۸. به مردم همي کبر و عزت فروش
وگرنه به ذلت مهارت کنند
نبيني که با گاو مردم هنوز
نگفتي خرستم که بارت کنند

۹. سه تن مست وافور و بنگ و شراب

شنيدم كه با حالتي بس خراب

كشيدند هر سه تن خسته‌اي

شبانگه به دروازهٔ بسته‌اي

شرابي ز جا جست بي واهمه

كه در را شكافم به نوك قمه

برآشفت وافوري بي‌مزاج

كه ديوانه را كرد بايد علاج

چه لازم كه خود را به رنج افكنيم؟

بيا تا سحر چرتِ نسيه زنيم!

بخنديد بنگي ابر همگنان

كه باريك بايد شدن آنچنان

كه از درزِ در، هر سه بيرون شويم

چرا تا سحر آدريمون شويم؟

۱۰. چون كه زورت نمي‌رسد سرخر

گردِ پالان چرا همي گردي؟

نشنيدي چه گفت كل به تگرگ؟

كه سرِ دسته بشكن ار مردي

۱۱. اگر مهمان شدي يك روز جايي

مگو من بعد از اينم، كار دنگ است

كه در روز دوم بيني پك و پوز

سيم، گاه آشتي و گاه جنگ است

چهارم نيز بيرون مي‌كنندت

كه چند اين ميهمان بي‌عار و ننگ است!

وليكن منّت صدساله دارند

به روزي دو، ز بسشان چشم تنگ است

تو هم تا زنده‌اي، مي‌باش مهمان!

كلوخ‌انداز را پاداش سنگ است

۱۲. به پشم و پُت اندر بشو، همچو رزگ

زمستان وگرنه برو وردرزگ!

۱۳. وقتي ميان دو برادر مشاجره بود، يكي دانا و شاعر، ديگري بي‌سواد و جاهل. مدت زماني فكر كرده، مصراع شعري ساخته براي برادرش فرستاد.

مصراع

شعري و شاعري به شعيري نمي‌خرند

برادر شاعرش بديهه‌اي در جواب نوشت:

آن‌ها نمي‌خرند كه مثل شما خرند!

۱۴. خان والاشأني شش ماه طبيب مخصوص ملازم ركاب همي داشت. روزي بدو گفت: من چون تو طبيب خري نديدم. گفت: بلي! برادري كه تو باشي(!) شش ماه است طبيب خرم (!) العاقل يكفيه الاشاره.

تكمله: حكيم قاسمي، با اين اشعار «خارستان» را به پايان مي‌رساند؛ اشعاري كه نشان‌دهندة انسان‌دوستي اوست:

«ايا شال‌بافان نيكونهاد

بگيريد با هم ره اتحاد

اگر متصل مي نشد تار و پود

به عالم يكي شالِ سنگين نبود

شما نيز اگر اتحادي كنيد

توانيد كوهي ز جا بركنيد

به يك رنگ، اگر جمله رنگين شويد

چو كوه دماوند سنگين شويد»

يادش گرامي بادا!

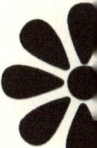

شرح و توضیح واژه‌ها و اصطلاحات[1]

مکّو: در اینجا معلوم است که منظور یکي از ابزار و آلات شال‌بافي است.

ذنچ: آرنج

خلوش: آدم عامي و ابله

بَرْدست/ بَرْدستان: شاگرد، شاگردان، وردست

سمک و لپک و دفّتین و نورد و مکّو و پیشزن و سوزنو و شود و تغار: همه از جمله ابزار و آلات مرتبط با شال‌بافي بوده‌اند.

لِرگ: بر وزنِ چرک، عریان، ژنده‌پوش، فقیر و ندار و بي‌چیز و معمولاً با دِرگ و بر همان وزن مي‌آید و از مترادفات هستند.

دِرگ: ندار، بي‌چیز

پچل: بر وزنِ جگر، با کسرهٔ «پ» و فتحهٔ «چ»، چرک و کثیف

شاکول: چانه، بر وزنِ شاغول

کلوچ: با کسرهٔ اوّل و ضمهٔ «ل» و سکونِ بقیهٔ حروف، باز به همان معناي چانه است.

غُرچماق: قلچماق، گردن‌کلفت، زورگو

---

۱. شرح و توضیح واژه‌ها و اصطلاحات بر اساس نظم و ترتیب کتاب آمده است.

فرع دوّم

لِرگي و دِرگي: به معناي گرفتاري در بیچارگي و فقر و بي‌نصیبي و مانند این‌ها
بیابانْ سجاف و آسمانْ لحاف: اصطلاحي در توضیح نهایت درماندگي
پُت: با ضمة اول و سکون دوم، پشم و موي انبوه
کُت: با ضمة اول و سکون دوّم، سوراخي که از ته بسته باشد، مانند کُتِ مورچه، با کُد و کده هم‌ریشه است.
خلوش: با ضمة «خ»، مردم عامي که البته نوعي از بلاهت نیز داشته باشند
دبنگ: با کسرة اول، هاج و واج و گیج و احمق و مست و بنگ‌کشیده.
جن: واحد پول، مقدار کم، تقریباً ۲۵ دینار
بهل: از مصدر هِشتن، فعل امر است به معني بگذار، اجازه بده
صرافت: در اینجا معني لجبازي و لجاجت
غاره‌زنان: غرش‌کنان
باباشو: باشو، پدربزرگ
دنگ: با کسرة «د» و سکون باقي حروف، راحت و آسوده، فراهم و آماده و شاید در اصل دنج باشد.
مي‌جکیدم: مي‌جهیدم
پفتال: با فتحة «پ»، آجیل و شیریني
پُفتال: با ضمة «پ»، به معناي مواد زائد که بعد از فشردن میوه باقي مي‌ماند، تفاله

فرع سوّم

سیدي، تندرستان، شیوشکان، دولاب: همه از محل‌هاي تفریحي در اطراف شهر کرمان بوده‌اند. (بعضي از این مکان‌ها هنوز هم محل تفریح هستند)
کماچ سِهِن: نوعي کلوچه است از آرد و روغن و خرما
بلبلي: نوعي غذا
تلنگ زدن: بشکن زدن تهراني‌هاست.
مشطي: مشتي، مشهدي، پولدار
شیت: بر وزنِ خیط، پاره
خیت: سرافکنده و رسوا، توسري‌خورده و مورد استهزا قرار گرفته

فرع چهارم

غرت: با کسرۀ اول و سکون بقیۀ حروف، تکبر و غرور و خودنمایي

دنگ: با کسرۀ اول و سکون باقي حروف، آسوده و راحت

گُرص گرص (گرس گرس): از اصوات، تعداد بي‌شمار

گُرگر: با ضمه «گ» و سکون «ر»، مداوم و پیوسته

آدریمون: با کسرۀ «د» و «ر»، لخت و عریان و بي‌پول و گدا و حقیر

بخارایي: آلوبخارایي

غلماش: غشمال، با فتحۀ «غ»، از فرط خنده حالتِ رخوت و سستي یافتن، به خود پیچیدن از خنده و یا درد، به روي زمین غلتیدن از گرسنگي، ضعف کردن، از درد کلافه شدن

باردي: شوخي رکیک

روچ: کلافِ سردرگم، آشفته، درهم و برهم

شاغل: با ضمۀ «غ»، انگل، تحمیلي، باجگیر

دست‌مره: دست‌انداخته‌شده، مورد استهزا واقع شده

اجلاف: با کسرۀ «الف»، جمع جلف و سبک‌سر، به اشخاص خوش‌پوشي که متناسب با سن خود لباس نپوشند نیز گفته مي‌شود.

زندي حرف زدن یا زندي شکستن: لفظ‌قلم حرف زدن، با لهجۀ غیر کرماني حرف زدن

جیقه: شال بوتۀ جیقه، مراد و در اینجا زن عقدي است.

اسپایه و کفچلیز: سه‌پایه و کفگیر

تکیۀ ملاقلي: تکیه خرابه‌اي بود در کرمان

غرچماق: قلچماق، گردن‌کلفت و زورگو

قپز: قمپز، باد و فیس و افاده و لاف و گزاف.

تیل: غلیظ

کراش: تار عنکبوت، گرد و غبار در سقف و یا سه کنج بالاي اتاق

فرع هفتم

رکیده، رکیدن: چنگ زدن و خراشیدن

بي‌عار: بي قيد و بند و بدون عار و ننگ
چوپانْ محله: نامِ محلّي تفريحي
كليس كليس: از اَصوات، صداي ناله‌وارِ سگ

فرع هشتم

فيس: باد و فيس

فرع نُهم

بُليت: با ضمة «ب» و كسرة «ل» و سكون بقية حروف، ابله، بلاهت، گيج و گول و منگ

فرع دهم

چاپي: چاپ زدن، حقه‌بازي، دوز و كلک سوار كردن
بقم: با كسرة «ب»، رنگِ سرخ كم‌رنگ

فرع يازدهم

باردي: شوخي و متلک
مي‌ركيديم: چنگ مي‌زديم
دوله: بر وزنِ روده، صداي شغال، زوزة سگ كه به اعتقاد عوام بدشگون بود
تيله دادن: هل دادن
آدريمون: در اينجا به معني سرگردان
پُت: با كسرة «ر» و سكون «ت»، پشم، مو
ور دِرزگ: با كسرة «د» و «ر» و سكوه بقية حروف، از سرما بر خود لرزيدن و ور درزگيدن

The Thorn Land Of Humor Of Hakim Ghasemi Kermani

By

Mohammad Ali Ouloomi

2015

I0683142

www.ingramcontent.com/pod-product-compliance
Lightning Source LLC
Chambersburg PA
CBHW021921170626
46807CB00007B/2934
9786001758102